NAME OF THE SUCCULENT

「多肉植物の名前」
400がよくわかる図鑑

監修 飯島健太郎

主婦と生活社

THE SUCCULENT PLANT

"多肉植物と暮らす生活"を もっと楽しく!

今や園芸店だけでなく、おしゃれな雑貨ショップや、100円ショップなどでもよく見かけるようになった多肉植物。しかし、まずその愛らしい姿に心奪われるせいか、「多肉植物の名前がわからない」という声をよく聞きます。名前がわからないことには、どんな管理をするのが適切か、増やすにはどうしたらいいかなどの栽培情報が不足しがちになります。また、「顔」がわかっても「名前」がわからないとなると、新たに購入する際にもとても不便です。

そこで本書は、「多肉植物の名前」にこだわってご紹介しています。品種名に加え、和名や英名、流通名がよく知られているものはそれらも掲載しました。多肉植物は、実に50科以上もあり、数万品種に及ぶ巨大な植物群です。そこには、いわゆる「サボテン」も含まれます。そんな多肉植物の中から、比較的名の知られた品種を選び、さらにそれを「楽しみ方別」にまとめました。「ぷっくり可愛い」「屋外でも育てられる」「ハンギングする」など……あなたが"多肉植物と楽しく暮らす"ための一助になれば幸いです。

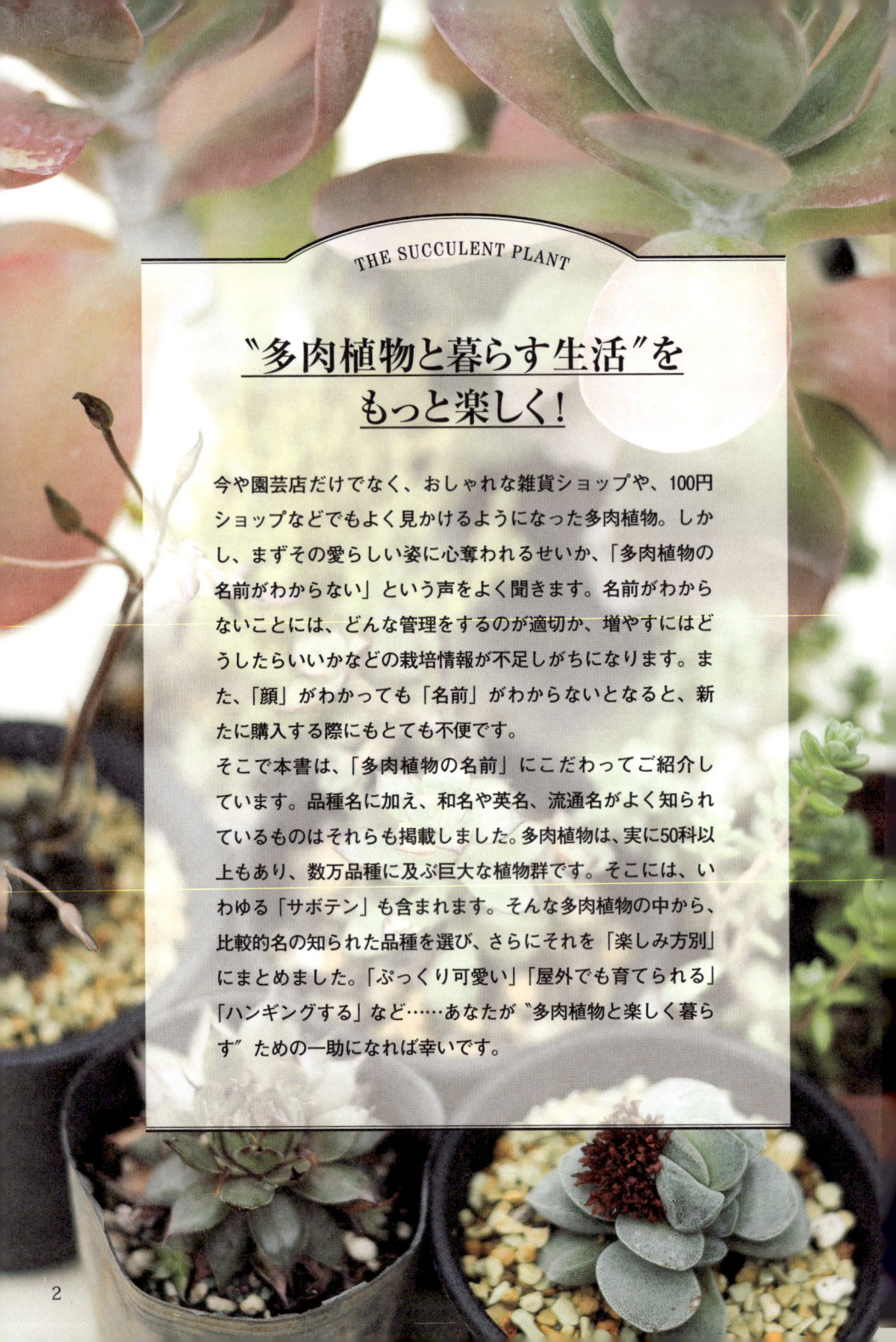

CONTENTS

「多肉植物の名前」
400がよくわかる図鑑

- 2 〝多肉植物と暮らす生活〞をもっと楽しく！
- 6 本書の使い方・特徴

7 Chapter 1
一鉢でも寄せ植えでも よく見かける人気品種

- 8 ぷっくり可愛い多肉植物
- 12 まるで咲き誇る花のよう！
- 16 さわやかな印象の斑入り
- 20 サボテンのようなフォルム

23 Chapter 2
まるで芸術作品の趣！ 〝色〞の妙を愛でる

- 24 黒・赤・銀・紫 色を愛でるカラーリーフ
- 32 この模様、まさに芸術！
- 35 〝透き通る窓〞を持つジュエリーのような逸品
- 38 まさしくカラフルな石ころ〝リビングストーン〞
- 41 秋の紅葉が待ち遠しい！

43　**Chapter 3**
その不思議さに釘づけ
多様な"形"に注目

　　44　姿形がユニーク！
　　56　三角・四角・幾何学的・左右対称
　　58　ミニミニサイズの多肉植物
　　66　ミニミニサイズのサボテン

75　**Chapter 4**
触れる・花を咲かせる etc.
"楽しみ方"で選ぶ

　　76　ハンギングに向く下垂タイプ
　　79　花がきれい！花を咲かせたい！
　　84　素晴らしい香りを堪能する
　　86　堂々たる風格のBONSAI風
　　88　ビロードのような手触り…
　　90　実はこれも多肉植物！
　　92　エアープランツも多肉植物

　100　コラム　ミニミニサイズだから楽しみ方無限大！

101 *Chapter 5*
屋外OK、寒さに強い…
たくましい多肉植物

- 102 グラウンドカバーや石垣に
- 107 寒さに負けない強健種
- 110 露地植えで大きく育てる

113 *Chapter 6*
これだけ知っておけば大丈夫！
多肉植物を
育てるための基礎講座

- 114 多肉植物の栽培、独特のポイントは
  生育期と休眠期のメリハリ
- 116 多肉植物が喜ぶ栽培テクニック
  植え替え・施肥・増やし方
- 118 知っておきたい基本の言葉
  多肉植物・用語解説
- 120 索引

How to use
本書の使い方・特徴

POINT 1 楽しみ方別の項目で引く

本書の最大の特徴は、科・属別ではなく、多肉植物の楽しみ方、用い方別に章を立て、項目分けをしていることです。よって、あなたのニーズに応じたコンテンツからページをめくってください。名前がわからなくても、お目当ての植物を探すことができます。

POINT 2 属名・名前で引く

特定の属の品種を探したいときは、p.120の「属名」の索引をご利用ください。掲載品種を属名ごとに、五十音順にまとめました。

また、名前がわかっているものは、p.123の「五十音順」の索引からどうぞ。品種名に別名も加え、本書に掲載されている名前を網羅しています。

POINT 3 科名に関して

近年、APG分類※によって、科が大きく変更されました。しかし、旧来の新エングラー体系やクロンキスト体系で馴染んだ科の認識も根強いことから、特にそのような品種には、本書では、「(←旧分類体系による科)」の表記を加えました。

POINT 4 生育型の区分け

さまざまな考え方がありますが、本書では「夏生育型」と「冬生育型」の2パターンに分けてご紹介しています。さらに細かく分けると、「春〜夏」「夏」「夏〜秋」「冬」と4つの生育型となり、煩雑となることから、初心者の方でもわかりやすい区分けにしました。生育型別の詳しい育て方は、p.114をご参照ください。

❶属名

p.120の「属名」索引で、同じ属名のものが一覧できます。

❷品種名・振り仮名

近縁の品種は、2種以上一緒に紹介している場合もあります。

❸別名

よく知られている、品種名以外の名称。こちらもp.123の「五十音順」索引から引くことができます。

❹科名

APG分類による科名。旧分類の科名の認知度が高い場合には、(←旧分類の科名)で表示してあります。

❺英名

比較的よく知られている英名がある場合、こちらに表記。

❻自生地

この品種が自生している国・地域。園芸品種などの場合は、「自生」していないので「自生地」はありません。

❼学名

国際栽培植物命名規約に準じて表記しています。

❽解説

品種の特徴、栽培のポイントに加え、当該品種の雑学的情報も。

グリーンネックレス

夏生育型

セネキオ ❶
❷ 緑の鈴 みどりのすず
緑の鈴 斑入り
❸ グリーンネックレス

❹ キク科 ❺ 英名：String-of-beads Senecio
(ストリング オブ ビーズ セネキオ)
❻ 自生地：南西アフリカ Senecio rowleyanus ❼

❽ 観葉植物としてお馴染みの人気種。球形の葉を細い茎に互生してつけ、ど

※APG分類
APG=被子植物系統グループ・Angiosperm Phylogeny Group。葉緑体のDNA解析から、被子植物の分岐を調査する研究に基づいた、新たな分類体系。

6

Chapter 1

一鉢でも寄せ植えでも よく見かける人気品種

ぷっくり、花のよう、斑入り……
魅力的な多肉植物たち

園芸店にとどまらず、今や雑貨ショップなどでも見かけるようになった多肉植物。可愛いフォルム、おしゃれな斑入り、咲き誇るバラのように見えるもの……、多くの人の心をわしづかみにする魅力的な品種をご紹介します。

よく見かける人気品種①

ぷっくり可愛い多肉植物

愛らしい15品種

「多肉植物」というと、誰もが思い浮かべるのがこのタイプでは？　このふっくらとしたフォルムが他の植物とは異なる最大の魅力です。
育てやすく、生育のよい品種も多いので初心者の方の「最初の一鉢」にもどうぞ。

セダム　**夏生育型**
乙女心 おとめごころ

ベンケイソウ科
自生地：メキシコ南部
Sedum pachyphyllum

ジェリービーンズのような丸みを帯びた葉は、明るい緑色。葉先を赤く染めた姿は、まさに頬を染める乙女。形よく株立ちとなる。古くからある品種で、割合寒さに強く、初心者でも栽培は容易。

セダム　**夏生育型**
リトルジェム

ベンケイソウ科
交配種
Sedum 'Little Gem'

肉厚の小さな葉を密に重ね、コンパクトなロゼット状を形成。葉の色は珍しいサビ色で、おしゃれな印象。寄せ植えのポイントなどに用いるもよし、一鉢にこの種のみ植えてシャビーな演出にも。

セダム　**夏生育型**
アラントイデス
白厚葉弁慶（しろあつばべんけい）

ベンケイソウ科
自生地：メキシコ
Sedum allantoides

ふっくらとした青白い葉が魅力的。葉の先端は、"乙女心"のように赤く染まることがないので、とても涼しげ。生長はやや遅く、その分、姿が乱れにくいのが特徴。寄せ植えの名脇役になる。

Chapter 1 1鉢でも寄せ植えでもよく見かける人気品種

セダム **夏生育型**
ビアホップ
新玉つづり(しんたまつづり)／うさぎのかくれんぼ／ビールホップ

ベンケイソウ科　自生地：メキシコ
Sedum burrito

"玉つづり"(p.76)に似ているが、葉は短くボール状。生長とともに、しだいに茎が下垂するので、カットを。切った枝は挿し木して増やせば、常にコンパクトな姿に。

セダム **夏生育型**
トレレアセイ
天使の雫(てんしのしずく)／尖り厚葉弁慶(とがりあつばべんけい)

ベンケイソウ科　自生地：メキシコ
Sedum treleasei

丸く厚みのある葉は、明るい緑色。白粉を帯びる。節間の開いた立ち上がる姿がシンボリック。育つにつれて姿のよい株立ちとなるので、長く栽培をしたい品種のひとつ。

パキベリア **夏生育型**
紫麗殿 しれいでん
ブルーミスト

ベンケイソウ科　園芸品種
Pachyveria 'Shireiden'

パキフィツム属(p.11の"千代田の松"など)と、エケベリア属(p.12〜参照)の属間交配種。厚みのある薄紫の葉は先がやや尖り、形よく詰まっている。初心者向きで扱いやすい。

セネキオ **夏生育型**
白寿楽 はくじゅらく

キク科　自生地：ナミビア、小カルー
Senecio citriformis

その葉は、雫やレモンを髣髴とさせる形。さわやかな明るい青緑色の茎や葉も魅力的。上手に育てると、たくさんの葉が茂り、まるで果実のようにも見え、とても見事!

9

パキベリア
見返り美人 みかえりびじん
夏生育型

ベンケイソウ科　交配種
Pachyveria 'Mikaeribijin'

パキフィツム属とエケベリア属の属間交配種。ぽっちゃりとした薄いピンクの葉を、バラの花のようなロゼット状につけた、とても愛らしい品種。寄せ植えにも活用を。

コチレドン
福娘 ふくむすめ
夏生育型

ベンケイソウ科　自生地：南アフリカ北西・ナマクアランド
Cotyledon orbiculata var. *ophylla*

ふっくらとした細長い卵形の葉。その表面は、白粉を帯びている。葉の先端は、ほんのり紫に染まって、まるで紅をさしているかのよう。育てていると、枝が出て株立ちになる。

コチレドン
折鶴 おりづる
夏生育型

ベンケイソウ科　自生地：アフリカ
Cotyledon decussara

"福娘"と同じく、白粉をまとった姿だが、葉が長めなので、よりシャープなイメージ。葉先に小さな爪があるのが特徴。花は、オレンジ色の釣鐘状で、とても美しい。

コチレドン
熊童子 くまどうじ
夏生育型

ベンケイソウ科　自生地：南アフリカ・ケープタウン
Cotyledon tomentosa

ふっくらとした産毛のある肉厚の葉は、その名のとおり子熊の手のよう。葉先に赤く染まった爪もあり、なんとも可愛い。酷暑期は日陰に移動するなど、涼しい環境にして。

Chapter 1 一鉢でも寄せ植えでもよく見かける人気品種

クラスラ　　　　　　　　　　　　　　夏生育型
ロゲルシー
紅稚児・紅稚子(べにちご)

ベンケイソウ科　自生地：南アフリカ
Crassula rogersii

肉厚の楕円の葉と微毛が特徴。秋に気温が下がると、葉先が紅葉して大変美しい。比較的、栽培は容易。枝分かれしやすく、生育も早い。初心者に向く品種。

エケベリア　　　　　　　　　　　　　夏生育型
ボンビシナ
白閃冠(はくせんかん)

ベンケイソウ科　交配種
Echeveria bombycina

白い毛に包まれた丸みのある葉を持っている品種と、小さな葉に長い毛を持っている品種の交配種。両者の美しさをあわせ持ち、白く長い毛が特徴。暑さはやや苦手。

セダム　　　　　　　　　　　　　　　夏生育型
緑亀の卵
みどりがめのたまご

ベンケイソウ科　自生地：不明
Sedum hernandezii

名前のとおり、卵形の緑色の葉を持つ。コルクのような茶の茎との色の対比が美しい。生長は遅く、高温にやや弱い。夏は強い日差しを避けて、日陰で管理したい。

パキフィツム　　　　　　　　　　　　夏生育型
千代田の松
ちよだのまつ

ベンケイソウ科　英名：Thick Plant(シックプラント)
自生地：メキシコ　*Pachyphytum compactum*

肉厚の紡錘形の葉を密につけ、整った姿形をしている。薄いグリーンの肌に薄く白粉をふいた葉の先は、徐々に赤く染まる。分岐してよく育ち、寒暖差にも比較的強い。

よく見かける人気品種②

まるで咲き誇る花のよう!

華麗な15品種

特に女性に人気のある、このタイプ。
鉢からあふれんばかりに葉を広げた様子は、
まさしく満開の花に見えます。
これを「ロゼット状」といい
その美しさで、多肉植物人気を牽引しています。

エケベリア　**プリドニス**　花うらら(はなうらら)　夏生育型

ベンケイソウ科
自生地：メキシコ
Echeveria pulidonis

倒卵形の葉を密につけた、コンパクトな姿。その葉先は、朱色に染まる。形よくまとまって、まさしく花のよう。可愛らしい姿が人気を集めている。「ペルシダ」という名前で流通していることも。

セデベリア　**ファンファーレ**　夏生育型

ベンケイソウ科
交配種
Sedeveria 'Fanfare'

属間交配種。葉幅は狭く、葉の先にシャープな突起を放射状に展開する。一見、ダドレア属(p.25参照)の仲間に見える。薄いグリーンが美しい。比較的、丈夫な品種。

エケベリア　**大和錦**　やまとにしき　花冠(はなかんむり)　夏生育型

ベンケイソウ科
自生地：メキシコ
Echeveria purpusorum

エケベリア属の小型種。灰緑色のベースに、渋い赤色が斑点や筋状にちりばめられた、とても個性的な模様。肉厚で尖った葉ともあいまって、植物というより小さなブローチのように見える。

Chapter 1 一鉢でも寄せ植えでもよく見かける人気品種

エケベリア
七福神 しちふくじん
高咲蓮華(たかさきれんげ)／玉蝶(たまちょう)

夏生育型

ベンケイソウ科　自生地：メキシコ
Echeveria glauca

形のよいお椀型に、葉を花びらのように広げる。昔から、民家の軒下などでよく育てられていた。葉の中心に水をためないように注意するのが、栽培のポイント。

エケベリア
女雛 めびな

夏生育型

ベンケイソウ科　交配種
Echeveria 'Mebina'

赤い縁取りと尖った葉が特徴。小型で、きれいなロゼット状にまとまる。比較的丈夫で、生育が早く、群生しやすいので、鉢いっぱい仔株を増やしても。初心者向き。

アエオニウム
レモネード

冬生育型

ベンケイソウ科　園芸品種
Aeonium 'Lemonade'

黄緑色の葉が、花びらのように広がる。産毛の葉は、少し粘着的。枝分かれして、形よく群生する。また、初夏よりキャベツのように丸くなり、また違った可愛らしさに。

エケベリア
すみれ牡丹 すみれぼたん

夏生育型

ベンケイソウ科　交配種
Echeveria 'Sumirebotan'

白っぽい緑色の細めの葉が、ぎゅっと詰まってロゼット状に。葉先に小さなノギがある。気温が下がるとピンクに染まり、また違った趣になるのも楽しみのひとつ。

13

グラプトベリア　　　　　　　　　　夏生育型
白牡丹 しろぼたん　　プロリフェラ

ベンケイソウ科　交配種
Graptoveria 'Titubans'

白から薄い桃色の肉厚の葉が比較的詰まったロゼット状で、ボリューム感たっぷり。初心者向け。グラプトペタルム属〝朧月〟（p.102）とエケベリア属〝静夜〟の交配種。

エケベリア　　　　　　　　　　　夏生育型
ビロード茜 びろーどあかね

ベンケイソウ科　園芸品種
Echeveria racemosa

まさしく名前のとおり、ビロードと見紛うくすんだピンク色の広い葉が、この品種の最大の魅力。茎は立ち上がらず、フラットなままの姿をキープするので、寄せ植えに用いやすい。

エケベリア　　　　　　　　　　　夏生育型
養老 ようろう

ベンケイソウ科　自生地：メキシコ
Echeveria peacock

エケベリア属でも古株で、昭和5年頃発行のわが国の書籍にも登場している。やや細身の葉は青緑色で白粉を帯び、単色でさわやかなイメージ。比較的丈夫で、初心者向き。

エケベリア　　　　　　　　　　　夏生育型
アガボイデス

ベンケイソウ科　自生地：メキシコ
Echeveria agavoides

学名にあるように、アガベ（p.110）に似ている。葉は陶磁器のような、くすんだ薄いグリーン。葉先が尖り、赤く染まる。丈が伸びにくく、整った姿を保ちやすい。

Chapter 1 一鉢でも寄せ植えでもよく見かける人気品種

エケベリア
ミラ
夏生育型

ベンケイソウ科　交配種
Echeveria 'Mira'

色合いは〝アガボイデス〟(p.14)のようなグリーンに加えて、鮮やかな赤の縁取り。形態は〝七福神〟(p.13)に似て、大変美しい。単幹で、大きめのロゼットを形成する。

エケベリア
ゴールデングロー
夏生育型

ベンケイソウ科　交配種
Echeveria 'Golden Glow'

やや黄色味を帯びた、明るい葉色。このカテゴリーに多いエケベリア属としては、割合に珍しい色彩なので、寄せ植えのコントラストに使うのもお勧め。

エケベリア
ルンヨニー・トップシータービー
夏生育型

ベンケイソウ科　変種
Echeveria runyonii 'Topsy Turvy'

メキシコ原産の〝ルンヨニー〟の変種。白灰色の葉は幅広で、外側に向かってカールし、独特な姿をつくる。写真のように群生して広がる。寄せ植えのアイキャッチにどうぞ。

アエオニウム
ドドランターレ
冬生育型

ベンケイソウ科　自生地：カナリア諸島
Aeonium dodrantale

夏の間は葉を閉じて過ごし、秋口から葉を開き始める様子は、バラの蕾が開花するときのよう。高温多湿には弱い。かつては、グリーノービア属とされていた。

15

よく見かける人気品種③

さわやかな印象の斑入り

清々しい14品種

場を明るくする斑入り種は、根強い人気があります。ちなみに「斑」とは、もともとは緑色に見える植物の組織の一部が葉緑素を失ってしまう現象。その部分が、白、黄色、赤色などになるのです。

クラスラ　**夏生育型**
黄金花月 おうごんかげつ

ベンケイソウ科
自生地：南アフリカ
Crassula portulacea f. variegata

葉先が丸いタイプの〝花月〟（別名：カネノナルキ）の斑入り種。葉は黄色のベースに赤い縁取りが入って、基本種の〝花月〟よりも、縁起がよさそうな彩り。丈夫で育てやすいので、初心者向き。

クラスラ　**夏生育型**
花月錦 かげつにしき

ベンケイソウ科
自生地：南アフリカ
Crassula portulacea f. variegata

〝○○錦〟という品種名は、斑入りを指すことが多い。こちらは、葉先がわずかに尖るタイプの〝花月〟。古典園芸的な縞状の斑が渋く、通好みの盆栽風。寒さに対して、比較的強い品種。

クラスラ　**冬生育型**
南十字星 みなみじゅうじせい

ベンケイソウ科
自生地：アフリカ
Crassula conjuncta f. variegata

〝星の王子〟の斑入り種。三角葉で縁が赤くなるため、斑模様とのグラデーションが美しい。葉は互い違いに生じて、塔のように伸長し、群生する。見た目はかなり異なるが〝花月〟と同属。

Chapter 1 一鉢でも寄せ植えでもよく見かける人気品種

クラスラ
サルメントーサ
夏生育型

ベンケイソウ科　自生地：南アフリカ
Crassula salmentosa f. variegate

幅の広い覆輪斑が印象的。暑さ・寒さともに、ある程度耐性があるので育てやすい。初心者向き。大事に育てれば、数十cmの草丈まで育ち、迫力のある姿を楽しめる。

オロスタキス
富士 ふじ
冬生育型

ベンケイソウ科　自生地：日本
Orostachys melacophylla var. *iwarenge* f. variegata

"岩蓮華"の斑入り。白覆輪タイプを"富士"と称している。青葉と白い斑部分のコントラストが美しい。古典園芸風の姿が、マニアに好まれている。夏の蒸れには要注意。

ヒロテレフィウム
斑入ミセバヤ
夏生育型

ベンケイソウ科　自生地：日本
Hylotelephium sieboldii 'Mediovariegatum'

三輪性の丸い葉をつる状に伸ばす"ミセバヤ"の中斑（中央に入る斑）を、"斑入リミセバヤ"と称す。なお"ミセバヤ"は、別名"玉緒"。10〜11月にピンクの花を咲かせる人気種。

セダム
姫笹 ひめざさ
夏生育型

ベンケイソウ科　自生地：中国、日本
Sedum lineare f. variegatum

"オノマンネングサ"の覆輪斑。部分的に全斑（全面が斑の色）になることも。山野草に分類され、流通されることが多い。寒さ・暑さに非常に強く、初心者でも育てやすい。

17

アガベ
五色万代 ごしきばんだい

夏生育型

ロファンザ錦

キジカクシ科（←リュウゼツラン科）　自生地：メキシコ
Agave lophantha f. variegate

やや葉幅の狭いアガベ（p.110"青の竜舌蘭"など）。葉に鋸歯がある。色鮮やかな美しい斑入り。緑葉に黄色と赤の縁取りが美しい。斑の部分が傷みやすいので、冬は室内へ。

アガベ
吉祥冠錦 きっしょうかんにしき

夏生育型

キジカクシ科（←リュウゼツラン科）　自生地：メキシコ
Agave potatorum f. variegate

アガベの中では葉幅の広い種。そのおおらかな葉に覆輪斑が彩りを加え、堂々たる存在感を放つ。古典園芸風の風格も感じられる。扱うときには、葉の鋸歯に注意。

ポーチュラカリア
雅楽の舞 ががくのまい

銀杏木

夏生育型

スベリヒユ科　自生地：南アフリカ
Portulacaria afra f. variegata

"銀杏木"（いちょうぼく）の覆輪斑。銀杏に似た丸い葉が可愛らしく、赤紫色の茎と葉色の組み合わせが見事。枝の生え方が、どこか盆栽風。年々幹が太っていくのも楽しみ。

ハオルチア
幻の塔 まぼろしのとう

五重塔

夏生育型

五重塔白斑（ごじゅうのとうしろふ）

ススキノキ科（←ユリ科）　自生地：南アフリカ
Haworthia viscosa f. variegate

暗緑色のシャープな三角葉が特徴の"五重の塔"の白い斑入り。葉が大変硬質で、実際に触ってみても作り物のように感じるほど。直射日光を避け、半日陰で育てるのがコツ。

Chapter 1 一鉢でも寄せ植えでもよく見かける人気品種

ガステリア
子宝錦 こだからにしき

夏生育型

ススキノキ科（←ユリ科）　自生地：南アフリカ
Gasteria gracilis var. *minima*. variegata

小型の舌状の葉を、左右対称に展開する〝子宝（こだから）〟の斑入り。群生して株立ちとなる。〝オモト〟などのような、古きよき日本の園芸品種を思わせる雰囲気。

ハオルチア
宝草錦 たからぐさにしき

夏生育型

ススキノキ科（←ユリ科）　自生地：南アフリカ
Haworthia cuspidata f. variegata

広い葉で、他のハオルチア（p.35〜37）のようにあまり窓状にならないが、斑が入る〝宝草錦〟は涼しげな模様。また、「サラダ菜」という商品名で紹介されていることもある。

ギムノカリキウム
緋牡丹 ひぼたん

夏生育型

サボテン科　園芸品種
Gymnocalycium mihanovichii var. *friedrichii*

もとは黒紫色の〝牡丹玉（ぼたんぎょく）〟。これの葉緑素が欠損し、赤色のベタシアニン色素が表面化したのが〝緋牡丹〟。日本の作出だが、現在はほぼ輸入品に。なお、全斑が黄色なら〝黄牡丹（きぼたん）〟と呼ぶ。

19

よく見かける人気品種④

サボテンのような フォルム

刺のある11品種

実はサボテンは、多肉植物のひとつのグループ。
簡単な見分け方としては、サボテンの刺は
アレオーレ（刺座・綿状の器官）から発達。
一方、多肉植物の刺は
株の表皮が変化したものなのです。

フーディア　　　夏生育型
ゴルドニー

ガガイモ科
自生地：南アフリカ
Hoodia gordonii

表皮が発達して刺状となり、柱サボテンのようであるが、サボテン科ではない。アフリカの狩猟民族は、長期の狩りに出かける際に空腹にならないように食していたといわれる。現在は、ダイエット食品としても知られる。

ユーフォルビア　　　夏生育型
彩雲閣 さいうんかく
三角麒麟（さんかくきりん）

トウダイグサ科　英名：African Milk Tree
自生地：ナミビア
Euphorbia trigona

多肉植物としてより、観葉植物の人気種として有名。スリムな3稜の柱型。よく枝を出し、形よく株立ちとなる。暖かい季節に新葉を展開しながら生長するが、気温が下がると落葉する。

ユーフォルビア　　　夏生育型
笹蟹丸 ささがにまる

トウダイグサ科
自生地：南アフリカ東部
Euphorbia pulvinata

小型の7～10稜の低い柱状で群生して株立ちになる。明るいグリーンの肌が目を引く。頭頂部から出ている細い葉は、気温が下がると赤く染まり、季節ごとに違った趣になるのも楽しみ。

Chapter 1 一鉢でも寄せ植えでもよく見かける人気品種

ユーフォルビア
紅彩閣 こうさいかく
夏生育型

トウダイグサ科　自生地：南アフリカ
Euphorbia enopla

小型の柱状でよく分枝して、格好いい。先端付近の赤色の刺と表皮の緑色のコントラストが美しく、年々見ごたえのある姿になる。長く育てていきたい品種。春に咲く花は黄色。

カラルマ
スペシオーサ
夏生育型

ガガイモ科　自生地：北アフリカ
Caralluma speciose

明るい白緑色の無模様の肌。四角状の柱サボテンのように、丈高く伸長すると同時に枝もよく出し、姿よく育つのが大きな魅力。ただし寒さに非常に弱いので、冬の保温を怠りなく。

ユーフォルビア
蘇鉄麒麟 そてつきりん
　　　　　　　パイナップルコーン／蛾眉鉄甲（がびてっこう）
蛾眉山
鉄甲丸
夏生育型

トウダイグサ科　交配種
Euphorbia hyb

〝蛾眉山（がびざん）〟と〝鉄甲丸（てっこうまる）〟の交配種と考えられている。日本で作出。草丈10〜20㎝で、まるで小さなパイナップルのような姿。低温期には落葉する。

ユーフォルビア
稚児麒麟 ちごきりん
グリーンボール
夏生育型

トウダイグサ科　自生地：南アフリカ
Euphorbia pseudoglobosa

小型のユーフォルビア。濃い緑色のコロコロとした球体で、次々と仔を出して増える。盆栽的な渋い面持ち。明るい窓辺で育てると、徒長を防いで、球形をキープできる。

21

ユーフォルビア 〔夏生育型〕
大正麒麟 たいしょうきりん
海胆麒麟（うにきりん）

トウダイグサ科　自生地：モロッコ
Euphorbia echinus

柱サボテンのようなフォルムで、しかも刺もある。多くの枝を出して、低木のように形よく育つ。非常に丈夫で栽培しやすいが、生長は遅め。じっくりゆっくり育てたい。

ユーフォルビア 〔夏生育型〕
アエルギノーサ

トウダイグサ科　自生地：南アフリカ・トランスバール
Euphorbia aeruginosa

茎は細めで、明るい青緑色。黒っぽい模様があり、多数の枝を出す。刺は鋭く、銅色から赤っぽい色で目立つ。草丈は25cm程度と、比較的コンパクト。花は黄色で、晩秋に咲く。

パキポディウム 〔夏生育型〕
ラメリィ
夢叶棒（ゆめかなぼう）

キョウチクトウ科　自生地：マダガスカル
Pachypodium lamerei

柱状のメタリックな幹には刺があり、迫力満点！ キョウチクトウに似た細長い葉も、頭頂部から出てくる。高さ1mほどまで育つ。花は白。夏咲きで、さわやかな印象。

アルアウディア 〔夏生育型〕
プロセラ
亜竜木（ありゅうぼく）／二つ葉金棒の木（ふたつばかなぼうのき）

ディディエレア科　自生地：マダガスカル
Alluaudia procera

灰色の柱状の幹。明るい緑色の小判状の葉を、茎にびっしりとつける姿が少々ユーモラス。夏は戸外で雨ざらしにするのが、丈夫に育てるポイント。花は白、夏に咲く。

22

Chapter 2

まるで芸術作品の趣！
"色"の妙を愛でる

紫と緑のグラデーション！
"パープルライト"(p.31)

多肉植物の持つ独特の色彩は、驚くほど多種多様。溶けてしまいそうな淡い色合いから、ビビッドな蛍光色、単色・グラデーション・芸術的な縞模様など。その色合いの不思議に、改めて目が釘づけになること請け合いです。

"色"の妙を愛でる①

黒・赤・銀・紫
色を愛でるカラーリーフ

鮮やかな31品種

やさしいパステル画のような
色合いがあるかと思えば、目の覚めるような
蛍光イエローやレッドまで――。
多肉植物ならではの
カラフルさを愛でてください。

アエオニウム **夏生育型**
黒法師 くろほうし
サンシモン

ベンケイソウ科
自生地：カナリア諸島
Aeonium arboreum 'Atropurpureum'

強光下で育てると、艶のある濃い黒紫色の葉になる。ただし夏の暑さは苦手なので、風通しをよくする工夫をするとよい。数十cmクラスになり迫力が出てくるので、じっくり育てたい。

クラスラ **夏生育型**
ブルーバード

ベンケイソウ科
自生地：アフリカ
Crassula ovata 'Blue Bird'

青緑がかった葉は、幅広で肉厚。その葉の周囲は赤く縁取られ、大変美しい。古くからある品種ながら、一時期品薄に。昨今の多肉ブームで、また流通量が増え、よく見られるようになった。

クラスラ **夏生育型**
紅葉祭り もみじまつり

ベンケイソウ科
交配種
Crassula 'Momiji-Matsuri'

秋が深まると、全体が赤く染まっていく。"火祭"（p.41）より濃紅色で、肉厚の葉が特徴。やや小型。常に明るい場所で管理すれば、鮮やかな赤色をキープできる。花は白色で、夏咲き。

Chapter 2 まるで芸術作品の趣！ "色"の妙を愛でる

ダドレア
ブリトニー
仙女盃（せんにょはい）

冬生育型

ベンケイソウ科　自生地：メキシコ・バハカリフォルニア
Dudleya brittonii

白粉を吹いた尖った葉が特徴。「最も白い多肉植物では?」といわれる品種のひとつ。冷涼期に生育する。日によく当てるとよいが、夏季の蒸れは大敵。栽培はやや難しい。

セダム
黄麗 おうれい

夏生育型

ベンケイソウ科　英名：Blue Chalk Sticks　自生地：メキシコ
Sedum adolphii

昭和初期に導入された品種。"銘月"にも似ているが、それよりも密に葉をつける。葉の黄色味も、若干淡い。こちらも枝を出し、株立ちとなる。花は白で、初夏に咲く。

グラプトセダム
ブロンズ姫 ぶろんずひめ

夏生育型

ベンケイソウ科　園芸品種
Graptosedum 'Bronze'

グラプトペタルム属とセダム属（p.8などを参照）の、属間交配種。小型のロゼット状に育ち、しだいに茎が立ち上がる。葉がとれやすく、すぐに可愛い不定芽（p.118参照）が生じる。

グラプトペタルム
バイネシー

夏生育型

ベンケイソウ科　自生地：不明
Graptopetalum bainesii

薄紫色の幅広の葉が、ロゼット状に重なる。茎はあまり立ち上がらず、姿のよい状態を維持する。大変強健で、暑さ・寒さに強いので、初心者でも楽に育てられる。

エケベリア 夏生育型
パールフォンニュルンベルグ

ベンケイソウ科　園芸品種
Echeveria 'Perle Von Nürenberg'

スプーンのような幅広の葉を持ち、白粉を帯びた薄紫色の葉。お椀のような姿が魅力的だが、給水時に凹みに水をためないよう留意。葉挿しで容易に増えるので、ぜひチャレンジを。

ペペロミア 夏生育型
グラベオレンス

コショウ科　自生地：ペルー
Peperomia graveolens

長楕円形の分厚い葉の表面は凹み、暗緑色を帯びて透き通る。その裏面は強烈な赤色でかなり個性的。枝を出しながら立ち上がり、株立ちに。やや乾燥気味に育てるとよい。

カランコエ 夏生育型
クローンコエ
ダイグレモンチアーナ／子宝草(こだからそう)／錣弁慶(しころべんけい)

ベンケイソウ科　英名：Devil's backbone　(訳：悪魔の背骨)
園芸交配種　*Kalanchoe* 'Crenatodaigremontianum'

明るいグリーンの葉。葉の鋸歯の先に、小さな不定芽をたくさんつける。それがポロポロと落ちて、根付く様子がとても面白い。小・中学生の夏休みの自由研究に最適。

カランコエ 夏生育型
不死鳥 ふしちょう

ベンケイソウ科　自生地：アフリカ
Kalanchoe daigremontiana var.

"錦蝶"(p.63)と"クローンコエ"の交雑種。"錦蝶"の葉を広くしたような姿に、薄い肌色に濃茶色の斑点を持ち爬虫類風の模様。不定芽を多数つけて、あっという間に増える。

26

Chapter 2 まるで芸術作品の趣！"色"の妙を愛でる

センペルヴィヴム
グリーングローブ
冬生育型

ベンケイソウ科　交配種
Sempervivum 'Green Globe'

濃紫色の葉には細く明るいグリーンの縁取りが入る。ランナーではなく、脇から仔を出して群生。こうした特徴を持つ種類をジョビバルバ属とする分類もある。蒸し暑さに弱い。

セダム
銘月 めいげつ
夏生育型

ベンケイソウ科　自生地：メキシコ
Sedum nussbaumerianum

よく流通している品種。披針形の多肉葉。秋の低温強光下では、濃黄色になり美しい。生長するにつれ、枝を出して株立ちとなる。寒さには弱いので、冬は暖かい室内で管理。

ダドレア
グリニー
冬生育型

ベンケイソウ科　自生地：アメリカ・カリフォルニア
Dudleya greenei

径4cm程度の小型のダドレア。よく分枝し、群生して育つ。白粉を吹いた葉が独特の存在感を醸す。秋以降、低温になると根が動き出し、成長し始める。

エケベリア
花筏 はないかだ
夏生育型

ベンケイソウ科　交配種
Echeveria 'Hanaikada'

スプーンのような幅広な葉。茎は立ち上がらず、整った姿。赤紫の葉色だが、低温期になると、さらにその色が増す。比較的、流通量が多いので、入手しやすい品種。

27

セダム　　　　　　　　　　　　夏生育型
春萌 はるもえ
アリス・エバンス

ベンケイソウ科　園芸品種
Sedum 'Alice Evance'

濃い黄緑色が、なんとも鮮やか。肉厚の葉は、丸みのあるロゼット状に広がる。生長すると茎立ちして、枝が出てくる。葉が詰まった状態が可愛らしいので、コンパクトに育てたい。

シノクラッスラ　　　　　　　　冬生育型
四馬路 すまろ

ベンケイソウ科　自生地：中国・雲南
Sinocrassula yunnanensi

くすんだ黒っぽい色合いが、他にない色合いで渋い。高山植物風の存在感が魅力。葉先の尖った、小さなロゼットを形成する様子は"爪蓮華"(p.107)に似ている。葉挿しで増える。

ヴィラディア　　　　　　　　　夏生育型
グリーンペット

ベンケイソウ科　自生地：メキシコ
Villadia batesii

明るいグリーンの葉は、先の尖った円筒状。"万年草"(p.103〜105)のような株立ちとなるが、万年草ほど生長は早くない。芽吹いたばかりのような、コンパクトな姿を楽しみたい。

トラデスカンチア　　　　　　　夏生育型
紫御殿 むらさきごてん
紫大露草(むらさきおおつゆくさ)／セトクレアセア／パープルハート

ツユクサ科　自生地：メキシコ
Tradescantia purprea

強光下で、葉が鮮烈な紫色となる。桃色の花も美しく、観賞価値大。かつてはセトクレアセア属とされていた。関東以西では露地植えも見かけるが、冬季、地上部は枯れる。

Chapter 2 まるで芸術作品の趣！ "色"の妙を愛でる

ネオレゲリア
ゾエ
夏生育型

パイナップル科　園芸品種
Neoregelia 'Zoe'

紫色の光沢のある葉。葉を重ねて整った姿も美しい。しだいに仔を出して、群生株となる。温暖な季節は半日陰に置き、ロゼットの中央に水をためて育てるとよい。

セネキオ
美空鉾 みそらほこ
夏生育型

キク科　自生地：マダガスカル
Senecio antandroi

青白い葉が涼しげ。細身で尖った円筒形の葉を密につける。その葉はそろって上を向くのが特徴。茎が立ち上がり、枝を出しながら株立ちに。挿し木で容易に増える。

セネキオ
銀月 ぎんげつ
冬生育型

キク科　自生地：南アフリカ
Senecio haworthii

茎・葉ともに白い綿毛に覆われ、白銀の色彩。長めの雫形の葉が可愛らしい。大きく育つタイプもあり、長期で付き合いたい品種。夏の高温に弱いので、風通しよく管理しよう。

セネキオ
紫蛮刀 しばんとう
夏生育型

キク科　自生地：マダガスカル
Senecio crasiissimus

明るい青緑色の幅広の葉には、ぼかして染めたような濃い紫が添えられる。縁や茎も同じように色づいて、大変美しい。比較的水を好む。草丈は15〜30cmと、割合に大型となる。

29

クリプタンサス
ジェイド
夏生育型

パイナップル科　園芸品種
Cryptanthus acaulis 'Jade'

幅広い波打つ葉を展開。個性的な葉を持つクリプタンサス属だが、この種はさわやかなグリーン単色。この葉色を守るため、直射日光を避け、半日陰から日陰で栽培するのがコツ。

クリプタンサス
ビッタータス・レッドスター／ノビスター
夏生育型

パイナップル科　園芸品種
Cryptanthus bivittatus 'Red Star' 'Novi Star'

幅広い波打つ葉を展開。赤、茶色などさまざまな斑模様が美しい。日差しが強いと焼けてしまうので、半日陰で葉色を守ることが大切。冬の寒さは苦手なので、保温しよう。

ディッキア
マルニエルラポストレイ
夏生育型

パイナップル科　自生地：ブラジル
Dyckia marnier-lapostollei

白銀色のメタリックな葉を放射状に展開。葉は硬く、表面はザラザラした感触。鋭い鋸葉を持っているので、無防備に触らない。成長はゆっくりなので、のんびり育てよう。

エケベリア
紅司(べにつかさ)／丸葉紅司(まるばべにつかさ)
夏生育型

ベンケイソウ科　自生地：メキシコ・オアハカ
Echeveria nodulosa

斑は薄緑の葉の縁や、背の部分などに縦に走り、赤紫で非常に目を引く。〝丸葉紅司〟は、可愛いフォルムで人気。葉挿しで増やすことができるので、チャレンジを。

Chapter 2 まるで芸術作品の趣！ "色"の妙を愛でる

セネキオ
マサイの矢尻 まさいのやじり
夏生育型

キク科　自生地：アフリカ
Senecio kleiniiformis

白粉をまとうヤジリ状（ヘラ状）葉は、水色にも見えるが、よく観察すると淡いグリーン。個体差があり、さじ状の葉になる場合も。愛らしいフォルムも人気。

ネオレゲリア
ファイヤーボール
夏生育型

パイナップル科　園芸品種
Neoregelia 'Fireball'

葉の両面が灰緑色で、赤紫の小斑点が散る。葉は薄く、多肉植物なのに、湿度と水が好きという変わり種。ランナー（地上に伸びる茎）を出して群生する。その仔を分けて増やそう。

セダム
白雪ミセバヤ しらゆきみせばや
冬生育型

ベンケイソウ科　自生地：中米から西アメリカ
Sedum spathulifolium

白粉で覆われた、小花のような小さなロゼット状で群生する。高山植物風のたたずまい。夏の蒸れに弱いので、適宜間引くなど、風通しを図ろう。

センペルヴィウム
パープルライト
冬生育型

ベンケイソウ科　交配種
Sempervivum 'Purple Light'

明るい紫色と緑色のグラデーションが素晴らしい葉を、ロゼット状に展開。群生するが、ランナーではなく葉の根元（生長点）から仔を出していく。蒸し暑さに弱いので要注意。

"色"の妙を愛でる②

この模様 まさに芸術！

絵画的な11品種

まるで南国のジャングルに迷い込んだようなワイルドな柄の葉もあれば、どこかスタイリッシュで都会的なもの。自然が生み出した模様の妙はどれだけ眺めていても飽きません。

アドロミスクス　**冬生育型**
御所錦 ごしょにしき

ベンケイソウ科
自生地：南アフリカ・ナマクアランド
Adromischus maculatus

薄い青緑色の丸い葉に、濃紫色の斑点と、渋い雰囲気を醸し出す。和風にも、エキゾチックにも見える姿。冷涼な季節に育つ品種なので、夏の暑さと蒸れは苦手。半日陰で風通しよく。

ネオレゲリア　**夏生育型**
ポポキ

パイナップル科
園芸品種
Neoregelia 'Popoki'

放射状に展開するグリーンの葉に、紫の斑紋が浮かぶ。温暖な季節は、ロゼット状の中央に、水をためて育てるのがポイント。寒さには弱いので、冬は必ず室内や温室で温度を管理すること。

カランコエ　**夏生育型**
フミリス

ベンケイソウ科
自生地：アフリカ
Kalanchoe humilis

薄いグリーンの丸い葉に刻まれているのは、濃紫のゼブラ柄。爬虫類的な印象。生育はやや遅いが、やがて枝分かれして、株立ちになると迫力が増す。挿し木で増やせる。冬は保温して栽培を。

Chapter 2 まるで芸術作品の趣！ "色"の妙を愛でる

アロエ
千代田錦 ちよだにしき
夏生育型

ススキノキ科（←ユリ科）　自生地：南アフリカ
Aloe variegate

厚みのある緑色の三角葉。その表面に白点の模様が散っている。どちらかというと和風の渋いデザイン。花はオレンジ色で、春に咲く。過湿に弱いので、梅雨時は特に注意しよう。

アロエ
ラウイー／スーパースノーホワイト
夏生育型

ススキノキ科（←ユリ科）　英名：Snowflake Aloe（スノーフレーク・アロエ）　自生地：マダガスカル
Aloe rauhii / Aloe rauhii 'Super Snow White'

薄い三角葉を放射状に展開。立ち上がらず整った生育。さまざまな斑模様があり、"スーパースノーホワイト"はその名のとおり、白い斑模様の面積が広い。

レデボウリア
ソキアリス／ソキアリス 斑入り
豹紋（ひょうもん）
夏生育型

キジカクシ科（←ユリ科）　自生地：南アフリカ
Ledebouria socialis

迷彩柄風の葉が印象的。そんな葉に対して茎は紫色で、葉裏や地上に出ている球根部も紫色に染まる。タマネギのように根元の部分が膨らんで球根状になり、徐々に群生する。

レデボウリア
マクラータ
旧称：ドリミオプシス・マクランタス
夏生育型

キジカクシ科（←ユリ科）　自生地：南アフリカ
Ledebouria maculate

大きな鱗片を持つ球根から伸びる、ドット柄の個性的な葉。明るい緑色の葉に、紫の丸い斑点模様が特徴的。冬の低温で落葉するが、しっかり保温するのを忘れずに。

33

ハオルチア **夏生育型** **十二の巻**(じゅうにのまき)／**ワイドバンド** ススキノキ科（←ユリ科）　自生地：南アフリカ・ケープ *Haworthia fasciata* 細長い三角の葉は、鮮緑色に白いゼブラ模様がある。特に"ワイドバンド"は、白が鮮明に刻まれて美しい。径4～5cmの小型種だが、群生すると見事。半日陰を好む。	ハオルチア **夏生育型** **竜鱗**(りゅうりん)／**竜鱗コンパクトタイプ** ススキノキ科（←ユリ科）　自生地：南アフリカ・ケープ *Haworthia tesselata* 暗緑色の三角葉を放射状に展開。葉の表面の網目模様は、まさに竜を思わせる。茎が立ち上がらず整った姿を維持。より小さな三角葉の詰まった"コンパクトタイプ"も。
クリプタンサス **夏生育型** **ゾナタス** トラフヒメアナナス アナナス科　英名：Zebra Plant（ゼブラプラント） 自生地：ブラジル　*Cryptanthus zonatus* 波打つ茶色の葉に、白いゼブラ模様の大型種。葉数が少なく、1枚の葉が長めに育っていく。その姿は、サンセベリア属（"サムライドワーフ" p.49など）にも似たが、実は別の属。	オルトフィタム **夏生育型** **グルケニー** アナナス科　自生地：ブラジル *Orthophytum gurkenii* 一見、アロエのよう。葉は茶色に肌色のゼブラ模様で、渋い面持ち。花があがると、一気に生長点が盛り上がるのが特徴。この花先に、多数のムカゴ状の仔を生じる。

"色"の妙を愛でる③

"透き通る窓"を持つジュエリーのような逸品

吸い込まれそうな11種

「多肉植物には貯水タンクがある」。
その事実を姿形から見せてくれる品種たち。
模様の入ったビー玉のような
美味しそうなジェリービーンズのような……。
半日陰か明るい日陰で育てましょう。

Chapter 2 まるで芸術作品の趣！ "色"の妙を愛でる

オフタルモフィルム **冬生育型**
秀鈴玉 しゅうれいぎょく

ハマミズナ科
自生地：南アフリカ、ナミビア
Ophthalmophyllum schlechiteri

表面に透明な窓を持つ、高度多肉植物。丸みのある明るい緑色で、石のようにも見える姿は、まさに「生ける宝石」。花は秋に咲く。夏の蒸し暑さには大変弱いので、注意すること。

ハオルチア **夏生育型**
万象 まんぞう

ススキノキ科（←ツルボラン科・ユリ科）
自生地：南アフリカ・ケープ
Haworthia maughanii

象の足の裏が並んでいるような個性的な葉が、この品種の最大の魅力！葉先には半透明の平らな窓があり、その部分がさまざまな模様となって、非常に味わい深い。半日陰で育てるのがコツ。

ハオルチア **夏生育型**
コレクタ

ススキノキ科（←ツルボラン科・ユリ科）
自生地：南アフリカ
Haworthia correcta

肉厚の三角葉が、放射状に集まって生える。原産地では植物体が半分、砂礫の中に埋もれており、葉先がすりガラスのように半透明な窓となって光を透過させる。その姿はとても神秘的。

ハオルチア
クーペリー／クーペリー・ピリフェラ
夏生育型

ススキノキ科（←ユリ科）　自生地：南アフリカ
Haworthia cooperi / Haworthia cooperi v. pilifera

"クーペリー"は葉先が尖る。"クーペリー・ピリフェラ"は、丸みを帯びた肉厚の葉を放射状に展開。一般に葉先が丸く透明の窓を持つハオルチアは、「オブツーサ」と称して流通。

ハオルチア
パラドクサ
夏生育型

菊襲（きくがさね）／万寿姫（まんじゅひめ）

ススキノキ科（←ツルボラン科・ユリ科）　変種
Haworthia paradoxa

厚みのある三角葉を、放射状に広げた姿が優美。整然と並ぶ葉の先端は、柔らかいノギを持っている。暗色系の葉色と、ざらざらとした表面の質感が特徴。半日陰で育てる。

ハオルチア
アスペルラ
夏生育型

ススキノキ科（←ツルボラン科・ユリ科）　自生地：南アフリカ・ケープ　*Haworthia asperula*（または、*Haworthia pygmaea*）

このジャンルでは、比較的古くから栽培されていた品種のひとつ。三角形の葉が、整然と並ぶ姿に注目。葉の表面に、すりガラスのような窓を持ち、筋模様が。半日陰で栽培を。

ハオルチア
ベヌスタ
夏生育型

ススキノキ科（←ツルボラン科・ユリ科）　自生地：南アフリカ・ケントンオンシー　*Haworthia venusta*

放射状に展開する葉には白い毛があるが、先端部は透明感がある。降雨の少ない自生地で、霧から生ずる水分を毛で受け止めていると考えられている。半日陰で育てる。

Chapter 2 まるで芸術作品の趣！ "色"の妙を愛でる

ハオルチア
祝宴 しゅくえん
夏生育型

玉緑（たまみどり）

ススキノキ科（←ツルボラン科・ユリ科）　自生地：南アフリカ・ケープ　*Haworthia turgida*

明るいグリーンの三角葉。葉の先端に窓を持ち、ストライプ模様が浮かび上がる。地域差や個体差が大きいが、群生しやすい。半日陰で育てないと、葉が溶けてしまうことも。

ハオルチア
マンテリー
夏生育型

ススキノキ科（←ツルボラン科・ユリ科）　交配種
Haworthia hyb.

"万象"（p.35）の交配種。濃緑色の葉がロゼット状に広がり、先端は丸みを帯びて透明に光る。ちなみに、これら透明な窓は、奥にあるクロロフィルに光を届けるのが役目。

ハオルチア
寿 ことぶき／寿宝殿 じゅほうでん
夏生育型

ススキノキ科（←ツルボラン科・ユリ科）　英名：Star Cactus
自生地：南アフリカ　*Haworthia retusa*

丈低く三角葉を展開する。葉の先に透明の窓を持ち、太陽に当てるとキラキラと輝くイメージ。葉がより肉厚の変種として"寿宝殿"も流通している。半日陰で育てる。

ペペロミア
アスペルラ
夏生育型

コショウ科　自生地：ペルー
Peperomia asperula

厚みのある葉は中心が凹み、その部分が透明の窓になっている。対生に展開する葉はまるでドロップのよう。草丈は10cm程度。明るい日陰で育てるとよい。

"色"の妙を愛でる④

まさしくカラフルな石ころ "リビングストーン"

驚きの11品種

これらの品種を初めて見た方は、たいてい言います。「これ、植物ですか？ 生きているんですか？」石のような、石にしか見えない、その姿。しかし、他の品種にはない味わい深さに魅了されるコレクターも少なくないのです。

アルギロデルマ　**冬生育型**
パテンス

ハマミズナ科
自生地：南アフリカ
Argyroderma patens

球形に近い長卵形の明るい緑葉。径3cm程度の淡黄花が咲く。なお、このコーナーに登場する種はすべて「冬生育型」で夏は苦手で傷みやすい。夏越しが栽培の最大の山場と心得て。

コノフィツム　**冬生育型**
安珍 あんちん

ハマミズナ科
自生地：南アフリカ
Conophytum obcordellum

低い空豆状の球体。明るいグリーンに濃緑色の斑点模様が可愛い。クリーム色の花は夜咲きなので、花芽がついたら見逃さないで。多湿に弱いので、水のやりすぎに注意しよう。

コノフィツム　**冬生育型**
口笛 くちぶえ

ハマミズナ科
自生地：南アフリカ
Conophytum luisae

玉型のコノフィツム。頂部には、口のような凹みがある。その両側は紅色に染まる。写真のように脱皮し、そのたびに分球（二つに割れる）する。それを繰り返して、どんどん大群生になる。

Chapter 2　まるで芸術作品の趣！"色"の妙を愛でる

コノフィツム
桜貝 さくらがい
冬生育型

ハマミズナ科　園芸品種
Conophytum bilobum 'Sakuragai'

肉厚な足袋のようなフォルムで群生する。花は黄色で秋咲きなので、夏越しができた人だけのお楽しみ。コノフィツム属では比較的丈夫。挿し木で増やせる。冬は保温して。

コノフィツム
群碧玉 ぐんぺきぎょく
冬生育型

ハマミズナ科　自生地：南アフリカ
Conophytum minutum

超小型のコノフィツム。明るいグリーンの肌にうっすら斑点が。花は紫紅色で、秋に咲く。この属はかつて高価で珍重されたが、今や園芸店に並ぶようになった。株分けで増やせる。

コノフィツム
清姫 きよひめ
冬生育型

ハマミズナ科　自生地：南アフリカ
Conophytum scitulum

背の低い空豆状の球体。明るいグリーンの肌に、暗緑色または茶褐色の繊細な網目模様が美しい。このグループは暑さに負けて溶けることが多いことから〝腐れ玉〟との異名も。

コノフィツム
レイポルデー
冬生育型

ハマミズナ科　自生地：南アフリカ
Conophytum leipoldtii

微毛のある玉型のコノフィツム。頂部に凹みがあり、ぷっくりしたハート型にも見える。その両側は、ほんのり紅色に染まる。紫花も美しい。この属の中では、比較的流通が多い。

39

コノフィツム　　　　　　　　　　冬生育型
ペアルソニー

ハマミズナ科　自生地：南アフリカ
Conophytum pearsonii

小さな空豆状の姿で、よく分球して大群生する。明るいグリーンで無模様。明るい紫紅色の花を咲かせる。この属は風が吹き抜けるような環境が大好きなので、蒸れに注意。

リトープス　　　　　　　　　　冬生育型
日輪玉 にちりんぎょく

ハマミズナ科　自生地：南アフリカ・南西アフリカ
Lithops aucampiae

リトープス属は、自生地の地質に擬態している。よって、アフリカの大地のような茶色系で、表面に黒褐色の斑模様が。扁平な球状の真ん中が割れて、黄色の花の咲く花芽が伸びる。

リトープス　　　　　　　　　　冬生育型
紫勲 しくん

ハマミズナ科　自生地：南アフリカ
Lithops lesliei

茶色系で、表面に濃い柄模様。リトープス属の中では比較的丈夫とはいえ、このタイプは夏にダメージを受けやすいので、日々のチェックは欠かさずに。花は黄色で、秋に咲く。

プレイオスピロス　　　　　　　　冬生育型
帝玉 ていぎょく

ハマミズナ科　自生地：南アフリカ
Pleiospilos nelii

高度に進化した多肉葉を、1対あるいは2対持つ。この葉に、極小の暗緑色のドット模様が入る。風通しよく夏を越えさせれば、生育期の冬を経て、早春にオレンジ色の花が咲く。

"色"の妙を愛でる⑤

秋の紅葉が待ち遠しい！

"赤"が美しい7品種

多肉植物の楽しみは、さまざまありますが
なかでも「紅葉」はとっておきのプレゼント。
徐々に色づいていくその様には
小さな鉢の中にも
確かに四季があるのだと知らされます。

Chapter 2　まるで芸術作品の趣！"色"の妙を愛でる

クラスラ　[夏生育型]
火祭 ひまつり

ベンケイソウ科
自生地：南アフリカ
Crassula capitella ssp. *thyrsifolia* 'Flame'

古くから流通していた、カラフルな人気種。低温と強光下では鮮烈な赤色に。生長期は中心が緑色になるので、そのグラデーションが美しい。寒冷地を除き屋外栽培可能で強健。初心者向き。

アエオニウム　[冬生育型]
夕映え ゆうばえ

ベンケイソウ科
英名：*Keweonium*（キューオニウム）
園芸品種　*Aeonium decorum* f. *variegata*

季節によって、葉の色が変化するのが楽しい。冬の生育期は、葉の緑が紅色に彩られ、新芽は黄色みを帯びるが、夏の休眠期は緑一色に変化。ほとんどの生長が止まり、まさしく休眠する。

カランコエ　[夏生育型]
朱蓮 しゅれん

ベンケイソウ科
自生地：南アフリカ
Kalanchoe longiflora var. *coccinea*

鋸歯のある、厚い葉を持つカランコエ（p.26 "クローンコエ" など参照）。規則的に対生の葉を連ね、ボリューム感がある。葉・茎ともに、寒くなると濃紅色に紅葉する姿が目を引く。

41

クラスラ
姫花月 ひめかげつ
夏生育型

ベンケイソウ科　自生地：アフリカ
Crassula portulacea var.

基本種の"花月"(p.16)よりも節間が狭く、ミニ盆栽風に小さくまとまるのが可愛らしい。秋が深まると、葉全体が紅葉してとても華やか。比較的寒さに強く、育てやすいのもうれしいところ。

セダム
虹の玉 にじのたま／オーロラ
夏生育型

ベンケイソウ科　自生地：メキシコ
Sedum rubrotinctum（オーロラ／*Sedum rubrotinctum* 'Aurora'）

艶のあるジェリービーンズ状の円筒形の葉。秋には葉・茎ともに真っ赤に染まる。斑入りの"オーロラ"は、白桃色。交ぜて植えてもきれい。葉挿しで増やせる。

デロスペルマ
ヌビゲナ
夏生育型

ハマミズナ科　自生地：南アフリカ
Delosperma nubigena

ほふく性で横に広がるタイプ。生育期は緑色の葉で、冬季は葉が赤く染まるのが楽しい。花は黄色で、春に咲く。耐寒性に富み、寒冷地でも屋外栽培できるほど強健。

セダム
玉葉 たまば
夏生育型

ベンケイソウ科　自生地：メキシコ
Sedum stahlii

"虹の玉"の葉を短くしたような玉状の葉を連ねる。コロコロしていて可愛い。赤茶色の葉だが、低温で赤みが増す。流通量が少ないので、入手できたら幸運。

Chapter 3

その不思議さに釘づけ
多様な"形"に注目

風船を重ねたようなフォルム
"七宝樹"(p.51)

多肉植物は、形のバリエーションが豊富。小さな塔みたい？　まさか細胞分裂の途中で止まったまま？　なぜ左右対称？　極小サイズ！……なにせ、「ナンジャコレ」と名づけられたものまであるくらいですから。

多様な"形"に注目！①

姿形がユニーク！

驚きの47品種

ぷっくりとしたもの、バラの花のようなもの。多肉植物は、フォルムが大変可愛らしい……ものばかりではないのです。こちらでご紹介するのは、個性派ぞろい。プレゼントして相手をびっくりさせるのも一興です。

アドロミスクス　**夏生育型**
天章 てんしょう
永楽（えいらく）

ベンケイソウ科
自生地：南アフリカ
Adromischus cristatus

斧状の葉は、深い緑色。その端は波打っており、微毛が密生する。なんとも渋い面持ちで和風の雰囲気。盆栽のように育てると面白い。ただ、栽培はやや難しく、ベテラン向けの品種。

クラスラ　**冬生育型**
キムナッチー
ブッダテンプル

ベンケイソウ科
英名：Buddha's Temple　交配種
Crassula 'Kimnachii'

葉が重なり合うように、柱状に伸びる。"神刀"の交配種。英名の「ブッダテンプル」、すなわち仏塔の名のとおりの姿。生長は遅めなので、気長に栽培したい。夏は涼しい環境で管理を。

クラスラ　**夏生育型**
神刀 じんとう
ゴッドファーザー

ベンケイソウ科
英名：airplane plant（エアプレインプラント）
propeller plant（プロペラプラント）
自生地：南アフリカ
Crassula perfoliata var. falcata

厚めの鎌の刃のような、葉の形が印象的。この葉を立てた状態で、次々と重なっていく。群生させると、大変見ごたえがある。花はオレンジ色で、夏咲き。

Chapter 3 その不思議さに釘づけ 多様な"形"に注目

クラスラ　　　　　　　　　　　夏生育型
青鎖竜綴化 せいさりゅうせっか

ベンケイソウ科　変種
Crassula muscosa f. *cristata*

綴化変種（p.119参照）。生長点が帯状になって、株が波打つ不思議なフォルム。葉が鱗片状につき、"ビャクシン"（ヒノキの仲間）のように見える。時折、基本種の形に戻る。

クラスラ　　　　　　　　　　　夏生育型
ゴーラム／フォービット
宇宙の木

ベンケイソウ科　モンスト化（石化）した変種
Crassula portulacea f. *monstrosa*

"花月"（p.16、カネノナルキ）の変種。"ゴーラム"別名"宇宙の木"は、先が凹んだ筒状の葉が密集している。"フォービット"は葉の縁が内側に巻き、丸みを帯びるのが特徴。

クラスラ　　　　　　　　　　　夏生育型
テトラゴナ
桃源郷（とうげんきょう）／竜陽（りゅうよう）

ベンケイソウ科　英名:Baby pineof china（ベビーパインオブチャイナ）
自生地：アフリカ　*Crassula tetragona*

肉厚な三角形の葉は、大きく上へと生長する。育つにつれ、枝分かれして立派な株立ちとなる。暑さ・寒さに割と強い。生長は遅めなので、じっくり育てていきたい品種。

クラスラ　　　　　　　　　　　冬生育型
舞乙女 まいおとめ
数珠姫（じゅずひめ）

ベンケイソウ科　自生地：南アフリカ
Crassula mernieriana

小さな丸みを帯びた四角形が、互い違いに重なり柱状に伸びていく。時に倒れるが、そこからまた、立ち上がっていくので心配しなくてよい。葉の縁がほんのり赤く染まり、美しい。

45

クラスラ　　　　　　　　　　　　冬生育型
神童 しんどう

ベンケイソウ科　交配種
Crassula 'Sindou'

"神刀"（p.44）と"呂千絵"の交配種。少し産毛のある緑色の葉が密に重なる。真上から見ると、花のように見える。実際の花は春に咲き、可愛らしい桃紅色。夏の蒸れに注意。

クラスラ　　　　　　　　　　　　冬生育型
赤花呂千絵 あかばなろちえ

ベンケイソウ科　交配種
Crassula 'Morgan's Beauty'

夏生育型の"神刀"（p.44）と、冬生育型の品種との交配種。白緑色の葉が、低く幾重にも重なり、その頂上に小さな赤い花を多数つける。育て続けると、群生株となって見事。

サンセベリア　　　　　　　　　　夏生育型
ピングイクラ

キジカクシ科（←リュウゼツラン科）　自生地：ケニア
Sansevieria pinguicula

肉厚の形のよい三角葉の先端は、鋭く尖る。ランナーを伸ばし、仔をつける。これを挿し木にして増やすとよい。非常に整った姿で人気だが、時々流通する程度。

エケベリア　　　　　　　　　　　冬生育型
青い渚 あおいなぎさ

ベンケイソウ科　変種
Echeveria setosa var. 'Aoinagisa'

"エケベリア・セトーサ"の変種。薄いブルーの芸術品。刺毛を持つロゼット状の葉は、蒸れに弱いので要注意。梅雨や暑い時期は、風通しのよいところで栽培を。

Chapter 3 その不思議さに釘づけ 多様な"形"に注目

カランコエ　　　　　　　　　　　　夏生育型
唐印 とういん
デザートローズ／フラップジャップ

ベンケイソウ科　自生地：南アフリカ・トランスバール
Kalanchoe thyrsiflora

披針形の多肉葉。秋の低温強光下では、濃黄色になり美しい。生長するにつれ、枝を出して株立ちとなる。よく日光に当てると、冬季、全体に赤みが強まる。なお冬は暖かい室内で管理。

クセロシキオス　　　　　　　　　　夏生育型
緑の太鼓 みどりのたいこ
グリーンドラム

ウリ科　自生地：マダガスカル
Xerosicyos danguyi

緑色のまん丸の肉厚の葉は、まさに太鼓。茎はつる状に伸びていく。温暖な気候を好み、明るい日差しが大好き。ただし夏は半日陰の方が、調子がよい。時々流通している程度。

センペルヴィヴム　　　　　　　　　冬生育型
百恵 ももえ

ベンケイソウ科　園芸品種
Sempervivum tectorum 'Oddity'

径5〜10cmとコンパクトなサイズ。筒状の葉が面白い。先端が紫色に染まり、全体の緑色とのコントラストを楽しめる。夏の蒸れに弱いため、風通しを確保できる場所で栽培を。

ウンビリクス　　　　　　　　　　　冬生育型
エレクトゥス

ベンケイソウ科　自生地：ヨーロッパからアフリカ、中東
Umbilicus erectus

道端でよく見かける"チドメグサ"の葉を厚くしたよう。丸い葉の中心は凹んでいる。標高1000m前後の山岳地帯で、岸壁の割れ目などに自生。夏は落葉、秋に新芽が出る。

47

アガベ
姫吹上 ひめふきあげ　　夏生育型

キジカクシ科（←リュウゼツラン科）　　自生地：メキシコ
Agave echinoides

細長い針のような明るいグリーンの葉が、放射状に多数出る。葉先は鋭いので、扱いに要注意。性質は強健で、比較的寒さに強く、関東以西であれば周年屋外で管理が可能。

アガベ
ショッティー　　夏生育型

キジカクシ科（←リュウゼツラン科）
自生地：アメリカ・アリゾナからメキシコ　*Agave schottii*

やや小型種。濃い緑色の線状葉を放射状に展開。茎が立ち上がらずに、生長しても整った姿を維持する。上品な縦の斑と細いヒゲをつける。このヒゲが観賞価値を高めている。

オプンチア
金烏帽子きんえぼし／赤烏帽子あかえぼし／白烏帽子しろえぼし　　夏生育型
金烏帽子：黄金烏帽子／ゴールデンバニー、赤烏帽子：レッドバニー、白烏帽子：象牙団扇／白桃扇／ホワイトバニーカクタスなど

サボテン科　自生地：メキシコ　*Opuntia microdasys*／赤烏帽子 *Opuntia microdasys* var. *rubra*／白烏帽子 *Opuntia microdasys* var. *albispina*

小型の団扇サボテンで、黄金色のまとまった刺を点在させ、美しい。ただし、触れると細かい刺が刺さるので注意。

ホヤ
カーリー　　斑入り　夏生育型

シャムサクララン／ラブハート

ガガイモ科　自生地：タイ、ラオス
Hoya kerrii

ハート型の多肉質の葉が面白い。1枚の葉のみ植えられた鉢が、園芸店をはじめ、雑貨ショップなどでもよく流通している。斑入りもおしゃれ。半日陰を好み、寒さにやや弱い。

クラスラ
茜の塔 <small>あかねのとう</small>

冬生育型

ベンケイソウ科　自生地：南西アフリカ
Crassula capitella

紙細工のように葉が折り重なって、真っ赤な塔を形成する。やや小型で、冬季の寸詰まりの姿がなんとも可愛い。暑さ・寒さには比較的強く、育てやすい。花は白色で、春に咲く。

サンセベリア
サムライドワーフ

夏生育型

キジカクシ科（←リュウゼツラン科）　変種
Sansevieria ehrenbergii 'Samurai Dwarf'

丸みを帯びた硬い葉が特徴。小型のうちはロゼットを形成し、まるで花のよう。あまり大きくさせず、コンパクトに育てると美しい。希少種だが、最近は入手しやすくなった。

サンセベリア
ボンセレンシス

夏生育型

キジカクシ科（←リュウゼツラン科）　自生地：アフリカ
Sansevieria boncellensis

小型のサンセベリア。太く円筒状の葉には、グリーンの美しいボーダーが。生長が遅いので、じっくり育てたい。流通量が少なく希少。この姿を楽しむために普及を願う。

アルブカ
スピラリス

冬生育型

フリズルシズル／アルブカ・ナンジャコレ

キジカクシ科（←ユリ科）　自生地：南アフリカ
Albuca spiralis

くるくるとカールした細い葉が特徴の、球根性多肉植物。品種名の〝スピラリス〟は、「スパイラル」の意。別名の〝ナンジャコレ〟も言いえて妙。夏の蒸れに弱い。風通しを図る。

Chapter 3　その不思議さに釘づけ 多様な〝形〟に注目

アロエ
プロストラータ

夏生育型

ススキノキ科（←ユリ科）　自生地：マダガスカル
Aloe prostrata

波打つ赤みを帯びた暗緑色の葉が特徴。花はオレンジ色で、夏に咲きやすい。写真のように、開花後、実をつけた姿も観賞に値する。旧ロマトフィルム属。

マミラリア
金手毬綴化 きんてまりせっか

冬生育型

アインシュタイン

サボテン科　綴化種
Mammillaria elongata f. *cristata*

まるで脳みそを思わせる見た目が、注目を集める。骸骨を模した鉢で売られるのも納得。基本種の〝金手毬〟（p.71を参照）とは一味違う形態。※「綴化」はp.119に解説。

アロエ
ディコトマ

夏生育型

皇璽錦（こうじにしき）

ススキノキ科（←ユリ科）　自生地：南アフリカ・ナミビア
Aloe dichotoma

肉厚の三角葉を密につけ形がよい。アロエ属の中では最も大きくなるひとつで、高さは10mほどになる。大きくなると想像もつかないような巨大な樹状アロエとなる。

ユーフォルビア
瑠璃晃 るりこう

夏生育型

ドラゴンボール

トウダイグサ科　自生地：南アフリカ
Euphorbia susannae

突起が多い球形種。仔がポコポコ出てきて、非常に姿よく育っていく。寒さに弱いので、7℃以上を維持。同時に水やりを減らして、充分に日光浴させるとよい。

Chapter 3 その不思議さに釘づけ 多様な"形"に注目

セロペギア
スタペリフォルミス
薄雲(うすぐも) 夏生育型

ガガイモ科　自生地：南アフリカ
Ceropegia stapeliformis

暗い灰緑色の茎節（葉状の茎）を伸ばし、地を這う。このヘビのような姿から、枝分かれもする。実は可愛らしい葉が人気の"ハートカズラ"（p.77）の仲間。寒さは苦手。

ディッキア
ブレビフォリア
縞剣山(しまけんざん) 夏生育型

アナナス科　自生地：ブラジル
Dyckia brevifolia

艶のある明るい三角葉を展開。よく見ると葉に縞がある。葉の縁に鋭い刺がある。基部から仔が生じて、大群生株に育つ。大きく見えるが、実は幅5～10cm程度。

セネキオ
七宝樹
しっぽうじゅ 夏生育型

キク科　自生地：南アフリカ
Senecio articulates

ソーセージに似た形の薄緑色の茎を段々につけて、多肉質の葉をつける。地下茎が伸びて群生する。徒長（間延び）すると魅力が半減するので、日光浴をさせてコンパクトに栽培を。

セネキオ
鉄錫杖
てつしゃくじょう 夏生育型

キク科　自生地：南アフリカ・トランスバール
Senecio stapeliformis

紫色を帯びた緑色の茎に、柄模様が入る。5～7稜の柱状。地中を這い回りながら、枝を出して群生する。しっかり生長させると、草丈数十cmまでになる。朱色の花は春咲き。

51

ビルベルギア
ホリダ
夏生育型

アナナス科　自生地：ブラジル
Billbergia horrida

シリンダー状の葉姿が面白い。本種は、サンセベリア（p.49 など）に似た模様が入る。暖かい季節は、この丸い葉の筒内に、水をためるように給水するが、冬季は避ける。

フェルニア
阿修羅 (あしゅら)
夏生育型

ガガイモ科　自生地：南アフリカ
Huernia pillansii

小型の柱状種。やわらかい肉刺をつける。群生して小さな株立ちに。花は茶色のビロード状で、秋に咲く。また、虫を利用した交配を行うので、花は独特の匂いを放つ。

ディッキア
ピカンテ
夏生育型

アナナス科　園芸品種
Dyckia 'Picante'

メタリックな色彩。鋭い鋸歯のある細い葉は放射状に広がり、しかも反り返っていて独特の姿となる。基部から仔が出てきて、大群生株に育つ。しかし1株の径は5〜10cmと小型。

ホヘンベルギア
レオポルドホルスティ
夏生育型

アナナス科　自生地：ブラジル
Hohenbergia reopold-horstii

生長すると大きなツボを形成する姿のよいタンクタイプのアナナス類。暗緑色の葉。暖かい季節は、中心部に水をためるように給水するが、冬季は控える。寒さに弱い。

Chapter 3 その不思議さに釘づけ 多様な"形"に注目

アボニア
パピラケア
冬生育型
白蛇殿（はくじゃでん）

スベリヒユ科　自生地：南西アフリカから南アフリカ
Avonia papyracea

白いウロコのイモムシ風。春咲きの花も白。ウロコのような部分が紙に見えることから、紙を意味する「パピラケア」と名付けられた。生長すると横にのたうつような姿に。

ザミア
フロリダーナ
夏生育型
フロリダザミア

ソテツ科　自生地：アメリカ・東南部、フロリダからジョージア南東部、西インド諸島　*Zamia floridana*

形のよいアメリカの蘇鉄（そてつ）。丸みのある短い葉をつける。その葉は、他の蘇鉄よりもやわらかい。また、あまり大きくならないので、扱いやすい。流通は少なめ。

ブラジリオプンチア
姫団扇 ひめうちわ
夏生育型
基本種：ブラジル団扇（ぶらじるうちわ）／葉団扇（はうちわ）

サボテン科　園芸品種
Brasiliopuntia brasiliensis var. *minor*

ブラジル団扇の小型変種。基本種と比較すると、かなり小型。明るいグリーンの色彩と、形よく枝（団扇）を出す姿が愛らしい。この団扇をカットして挿せば、容易に増える。

セレウス
金獅子 きんじし
夏生育型

サボテン科　変種
Cereus variabilis f. *monst*

ゴツゴツとした芸術的な緑色の茎節に、黄金の細かな刺をまとう。個体ごとに形態が異なるため、何鉢か並べてその個性を楽しむのもよい。暑さ・寒さに強く、初心者にも向く。

53

クレイストカクタス　　　　　　　　　　　　夏生育型
白閃柱 はくせんちゅう
優吹雪柱（ゆうふぶきちゅう）／白ぼう竜（はくぼうりゅう）

サボテン科　自生地：ボリビア・タリハ
Cleistocactus hyalacanthus

白い刺が密生する。すらっと細身の柱サボテンで、生長すると1～2mにもなる。夏に咲く花は赤く、白のボディに映える。しかし暑さには弱いので、風通しよく育てること。

エキノカクタス　　　　　　　　　　　　夏生育型
金鯱 きんしゃち

サボテン科　自生地：メキシコ中部・ケレタロ
Echinocactus grusonii

球形で大型に生長。径40cmのサイズで樹齢30年。黄金色に輝く、強い刺を持つので、取り扱いに注意。日当たりを好む。黄色い花を、春から夏に咲かせる。比較的耐寒性に富む。

エピフィルム　　　　　　　　　　　　夏生育型
アングリゲル
フィッシュボーンカクタス

サボテン科　自生地：メキシコ
Epiphyllum anguliger

ジャングルサボテンの一種。魚の骨のような不思議な形がユーモラス。これは葉ではなく、茎が薄い葉状に変化したもの。この葉状茎が深く切れ込んでいる。

ロフォフォラ　　　　　　　　　　　　夏生育型
烏羽玉 うばだま／仔吹烏羽玉 こぶきうばだま
ペヨーテ

サボテン科　自生地：アメリカ・テキサス、メキシコ中部・ケレタロ　*Lophophora williamsii* var. *caespitosa*

プヨプヨとして、少し弾力のある肌。刺は綿毛で痛くない。メスカリンという成分があり、アメリカ先住民が儀式に利用していた。"仔吹烏羽玉"は、やわらかな肌を持つ小型の変種。

Chapter 3 その不思議さに釘づけ 多様な"形"に注目

ハオルチア
羽衣 はごろも
ブラックベルディアナ
夏生育型

ススキノキ科（←ユリ科）　自生地：南アフリカ
Haworthia bolusii f. 'Blackbeardiana'

蜘蛛の糸のような毛が密生して、細かい葉脈が走る繊細な美しさ。通常、単頭で丈低く整った姿。独特の淡い葉色を維持するには、半日陰で育てるのがポイント。

アガベ
ジェミニフローラ
夏生育型

キジカクシ科（←リュウゼツラン科）　自生地：メキシコ
Agave geminiflora

非常に細い緑葉が、優雅に伸びる。"姫吹上"（p.48）の色彩に似ているが、葉数が少ない分、涼しげなたたずまい。写真は、葉に白いヒゲがつかないタイプ。

オプンチア
墨烏帽子 すみえぼし
万歳サボテン（ばんざいさぼてん）
夏生育型

サボテン科　自生地：西インド諸島
Opuntia rubescens

黒緑色の団扇サボテン。流通量も多く、エキゾチックな姿が愛されている人気品種。左右に形よく枝を出し、人が語りかけているような姿。気長に育てると、数mにも育つ。

オプンチア
青海波 せいがいは
夏生育型

サボテン科　綴化種
Opuntia lanceolata f. cristata

団扇サボテンの"宝剣"（p.112）の綴化種。波打つ茎節が最大の見どころ。個体ごとに異なるので、何鉢も同時に育てよう。ただし栽培中に基本種に戻ることも。流通は少ない。

多様な"形"に注目！②

三角・四角・幾何学的・左右対称

不思議な形の7品種

まるで、細胞分裂の途中のような、不思議で興味深い、その姿。こちらで紹介している品種は、どちらかといえば男性に人気。熱烈なコレクターもいるジャンルです。

ユーフォルビア **夏生育型**
オベサ

トウダイグサ科
自生地：南アフリカ
Euphorbia obesa

刺も凹凸もない整った球形に、渋い茶褐色の縞模様。古株になると、写真のように縦に伸びてくる。寒さに弱い品種なので、冬は7℃以上に保ち、水やりを控えて、日光浴をさせること。

ガステリア **夏生育型**
臥牛（がぎゅう）

ススキノキ科（←ユリ科）
英名：Cow-tongue Cactus（カウタン カクタス）
自生地：南アフリカ　*Gasteria armstrongii*

左右対称に分厚い舌状に、濃緑色の葉を広げる。葉は艶があるが、ザラザラした面も持つ。この葉が一重、二重と重なっていく。春、中央から花芽が立ち上がり、オレンジ色の花を咲かせる。

クラスラ **冬生育型**
アイボリーパゴダ

ベンケイソウ科
交配種
Crassula 'Ivory Pagoda'

小さな舌のような葉が、折り重なるようにつく。シルバー調の色彩も美しい。地際や茎の途中から、仔を吹く。生長が遅いので、気長に育てたい。夏の暑さと蒸れが、栽培の最大の敵。

Chapter 3 その不思議さに釘づけ 多様な"形"に注目

アストロフィズム
兜(かぶと)／スーパー兜／瑠璃兜
夏生育型

サボテン科　自生地：メキシコ・タマウリパス、ヌエボレオン、アメリカ・テキサス南部　*Astrophytum asterias*

非常に個体差が多く、白点の有無や量・大きさなどによりさまざまな表情を見せてくれる。白点模様の目立つ"スーパー兜"、白点のない"瑠璃兜"などの変種がある。

アストロフィズム
鸞鳳玉(らんぽうぎょく)／碧瑠璃鸞鳳玉(へきるりらんぽうぎょく)／四角鸞鳳玉(しかくらんぽうぎょく)／三角鸞鳳玉(さんかくらんぽうぎょく)
夏生育型

サボテン科　自生地：メキシコ北部から中部
Astrophytum myriostigma
碧瑠璃鸞鳳玉：*Astrophytum myriostigma* var. *nudum*

基本は五角形。中には膨らんだ星型のような種類もあり、整った形態。四角形、三角形の変異もある。

セレウス
ヤマカル柱(やまかるちゅう)
刺なし鬼面角(とげなしきめんかく)／ヌーダム
夏生育型

サボテン科　園芸品種
Cereus hildmannianus 'Nuda'

"鬼面角"(p.111)の品種。刺座（アレオーレ）が目立つのに刺のない園芸品種。肉厚の稜線もくっきりしていて、幾何学的。比較的流通は多く、観葉植物としても扱われる。

エキノプシス
王冠短毛(おうかんたんげ)
夏生育型

サボテン科　変種
Echinopsis eyriesii var.

"短毛丸"(p.81)の突然変異で、刺座の綿毛が長毛、または多毛に発達して目立つものを"王冠短毛"という。まるでウニのよう。基本種同様に寒さに強く、育てやすい。

多様な"形"に注目！③

ミニミニサイズの多肉植物

小さな小さな31品種

大きく育つ多肉植物も素敵ですが、小さいと本当に可愛い！
小型で流通するもの、
生長しても数cm程度のものを集めました。
小さくても、群生するタイプが多く、
存在感でも大きい品種に負けていません。

アロエ　**夏生育型**
ディスコイングシー

ススキノキ科（←ユリ科）
自生地：マダガスカル
Aloe descoingsii

500種を数えるといわれるアロエの中で、最も小さいとされるのが本種。直径は4cm程度。葉は肉厚で三角形、白色の小突起があるのが特徴。緻密に葉を重ねながら生長し、群生する。

アロエ　**夏生育型**
翡翠殿 ひすいでん

ススキノキ科（←ユリ科）
自生地：ソコトラ、ザンジバル
Aloe juvenna

明るい黄緑の葉で、背面には短い刺をつける小型のアロエ。"ディスコイングシー"と異なり、茎が立ち上がって生育する。花はオレンジ色で春咲き。寒さに弱いので、冬季は温度管理を。

アロエ　**夏生育型**
ディンティティ

ススキノキ科（←ユリ科）
英名：Descohaworthy（ディスコハオルシー）　交配種　*Aloe 'Dentiti'*

"ディスコイングシー"と"ハルオチオイデス（p.65）"による交配種で、極小タイプのアロエ。比較的、よく流通している。生長が早く、写真のようによく群生する。冬は室内で管理を。

セダム
ヒスパニクム
薄雪万年草（うすゆきまんねんぐさ）

夏生育型

ベンケイソウ科　英名：Spanish Stonecrop（スパニッシュストンクロップ）　自生地：西アジア（パキスタン、アフガニスタン、トルクメニスタン）、ロシア南部　*Sedum hispanicum*

青緑色の円柱状の葉が互生につく。ひとつひとつのシュート（葉と茎）が金平糖のよう。葉が細く、芝のように這うように育つ。花は白色で春咲きで。ロックガーデンにも向く。

エケベリア
紅稚児 べにちご

夏生育型

ベンケイソウ科　自生地：メキシコ・オアハカ
Echeveria macdougallii

セダム属（p.8など）に似た円筒形小葉は、ロゼット状に育つ。青緑の葉の先端は紅葉し、真冬になると株全体が赤に染まる。花は明るいオレンジで春咲きで。とても強健。

クラスラ
若緑 わかみどり／姫緑 ひめみどり

夏生育型

ベンケイソウ科　自生地：南アフリカ
Crassula lycopodioides var. pseudolycopodioides

小さい葉を緻密に連結して、枝分かれしながら上に伸びる。草丈は5～8cm。時々切り戻して、形を整えて。明るい黄緑。"姫緑"は、より小さな葉が密集して小ぶりな姿。

ハオルチア
ルテオローサ

夏生育型

ススキノキ科（←ユリ科）　自生地：南アフリカ
Haworthia luteorosea

明るいグリーンの葉を放射状に広げる超小型種。葉の表面には、白いスポットとともに、突起状に出ている白い毛が。ひとつひとつは小さくても、よく分頭して小群生になる。

Chapter 3　その不思議さに釘づけ 多様な〝形〟に注目

ペペロミア　　　　　　　　　　夏生育型
コルメラ

コショウ科　自生地：ペルー
Peperomia columella

小さな肉厚の葉の表面に、透明な窓を持つ。その小さなドロップのような葉を増やしながら、伸長する。生長しきっても、草丈5〜10㎝。やわらかな光で育てたい。

ハオルチア　　　　　　　　　　夏生育型
ウンブラティコーラ

ススキノキ科（←ユリ科）　自生地：南アフリカ
Haworthia umbraticola

「オブツーサ」系（p.36）に似た、透明感のある肉厚の葉。やわらかく、次々と仔を出して大群生株になる。明るい窓辺で栽培すると、赤茶色に発色。株分けで増やそう。

デウテロコニア　　　　　　　　夏生育型
クロランタ

アナナス科　自生地：アルゼンチン
Deuterocohnia chlorantha

やや肉厚で先端の尖った硬い葉で、直径数㎝の小さいロゼットをつくる。生長はゆるやかだが、こんもりした大群生株に生長するので、ゆっくり見守りたい。株分けで容易に増える。

アイクリソン　　　　　　　　　夏生育型
ベテンコウルチアナム

ベンケイソウ科　自生地：カナリア諸島
Aichryson bethencourtianum

ロゼット状に発生する丸い葉は、明るい緑色。この葉は、しっとりした湿った感触。よく枝が出て繁茂する。流通量は少ないが、挿し木で増やせる。夏は風通しよく。

Chapter 3 その不思議さに釘づけ 多様な"形"に注目

ハオルチア
ニグラ
夏生育型

黒鮫(くろざめ)

ススキノキ科(←ユリ科)　自生地：南アフリカ
Haworthia nigra

黒緑色の詰まった三角葉、イボイボとした硬い肌が個性的。幾何学的フォルムも魅力のひとつ。生育は遅いが、徐々に立ち上がる。流通量は少なく、産地ごとに変異が多い。

クラスラ
エルネスティ
夏生育型

ベンケイソウ科　自生地：アフリカ
Crassula ernestii

微毛の生えた肉厚の細かな葉。苔状に横に広がる。山野草の風情が人気。暑さ・寒さともによく耐え、初心者でも育てるのは容易。挿し木や株分けで、よく増える。

クラスラ
ブロウメアナ
夏生育型

ベンケイソウ科　自生地：アフリカ
Crassula browniana

産毛のあるやわらかい葉。枝は、垂れながら跳ね上がって、どんどん伸長する。繊細な姿に似ず、非常に発育旺盛。簡単に挿し木ができる。夏越し、冬越しも割とスムーズ。

クラスラ
天狗の舞 てんぐのまい
夏生育型

ベンケイソウ科　自生地：アフリカ
Crassula dejecta

薄い舟形の小型葉。気温が下がると、葉の先の方が真っ赤に染まる。枝を出して群生する。草丈数十cmまで大きく育つので、ぜひ長期栽培を。白い花を春に咲かせる。

61

クラスラ　　　　　　　　　　　　　夏生育型
銀揃 ぎんぞろえ

ベンケイソウ科　自生地：アフリカ
Crassula mesembrianthoides

産毛の生えた多肉で、キラキラとした外観。葉がぷっくりした三日月型。枝分かれしながら、直立して伸びていく。真夏の高温多湿が苦手。比較的、流通は多い。

クラスラ　　　　　　　　　　　　　夏生育型
デービッド
春椿（はるつばき）

ベンケイソウ科　園芸品種
Crassula 'David'

産毛のある濃い緑色の葉の縁には、ギザギザがついている。ほふくし、繁茂する。秋には赤く色づく。コンパクトに姿よく育てるには、明るく風通しのよい環境を整えて。

ハオルチア　　　　　　　　　　　　夏生育型
パークシアナ
群鮫（むれざめ）

ススキノキ科（←ユリ科）　自生地：南アフリカ
Haworthia parksiana

直径数cmほどの小型種で、三角葉が特徴的。葉はやや反り返る。葉の表面はざらつきがあり、やや硬めな触り心地。小型ながら群生する姿は、山野草のようで和風の趣。

エケベリア　　　　　　　　　　　　夏生育型
森の妖精 もりのようせい
グスト

ベンケイソウ科　交配種
Echeveria pringlei var. parva

小さな花のような姿。木立性で、枝がよく分かれて株立ちする。気温が下がると、葉先が赤く染まるのも楽しみ。割に丈夫で、流通量も多いので、最初の一鉢にも最適。

Chapter 3 その不思議さに釘づけ 多様な"形"に注目

モナンテス
ブラキカウロス
冬生育型

ベンケイソウ科　自生地：カナリア諸島
Monanthes brachycaulos

直径1～2cmの超小型。ライトグリーンの丸々とした葉が可愛らしい。写真のように、盛んにランナーを伸ばして群生していく。夏の高温・蒸れに非常に弱いので要注意。

カランコエ
錦蝶（きんちょう）
夏生育型

デラゴエンシス

ベンケイソウ科　自生地：マダガスカル
Kalanchoe tubiflora

円筒形の葉は、薄いピンクに褐色のまだら模様。葉にたくさんの不定芽を形成する。これを土にまいたり、挿し木で増やす（ただし増えすぎる傾向あり）。寒さには弱い。

ハオルチア
テネラ
夏生育型

ススキノキ科（←ツルボラン科・ユリ科）
自生地：南アフリカ　*Haworthia tenera*

やわらかく細い葉を放射状に伸ばす、直径数cmほどの超小型種。流通量は少ない。立ち上がらず整ったフォルムで育ち、後に群生する。強光線に当てず、半日陰で栽培を。

ロスラリア
プラティフィラ
冬生育型

ベンケイソウ科　自生地：トルコ
Rosularia platyphylla

直径3～5cm、ミニサイズのロゼット葉。脇芽を出して群生する。ロスラリア属の中では、暑さ・寒さともに比較的強い。寒くなると、葉先が赤く染まり大変美しい。

63

セデベリア　　　　　　　　　　夏生育型
樹氷 (じゅひょう)

ベンケイソウ科　園芸品種
Sedeveria 'Silver Frost'

セダム属（p.8など）とエケベリア属（p.12など）の属間交配種。"万年草"（p.103～105）のような円筒状の肉厚の葉を、花びら状に重ねる。葉先は尖り、ほんのり赤く色づく。

モナデニウム　　　　　　　　　夏生育型
リチェイ

トウダイグサ科　自生地：ケニア
Monadenium ritchiei

草丈5～7cm。基部は、ゴツゴツとした緑色でパイナップルのよう。どっしりした面持ちながら、頭に可愛らしい葉をつける。花は桃白色で、夏から秋咲き。周囲に仔を吹く。

セダム　　　　　　　　　　　　夏生育型
小松緑 (こまつみどり)

ベンケイソウ科　自生地：北アフリカ
Sedum multiceps

枝先に葉がまとまってつき、茎が立ち上がっていく。それでも草丈5～10cmほど。小盆栽のような趣が人気。暑さに少し弱いので、風通しのよい場所で管理するのがコツ。

セダム　　　　　　　　　　　　夏生育型
粉雪 (こなゆき)
オーストラーレ

ベンケイソウ科　自生地：不明
Sedum oaxacanum

"タイトゴメ"（p.103）のような寸詰まりの葉。乾燥気味に育てると、うっすら雪化粧したように、葉が白くなることから命名。生育は遅いが、挿し木で増やせる。

Chapter 3 その不思議さに釘づけ 多様な"形"に注目

セダム　　　　　　　　　　　　　　夏生育型
松の緑 まつのみどり

ベンケイソウ科　自生地：メキシコ
Sedum lucidum

厚手の葉はかなり丸みを帯びて、ジェリービーンズのよう。色は黄緑色で、先端が赤く色づく。茎が立ち上がってくるので、時々は切り戻して形を整えよう。

セダム　　　　　　　　　　　　　　夏生育型
ウィンクレリー
バエチクム

ベンケイソウ科　自生地：スペイン南部、モロッコ
Sedum hirsutum ssp. *Baeticum*

粘り気のある長楕円状の葉は、微毛に覆われている。その葉をこれでもかと密につけ、小型ながらボリュームのある姿となるのが魅力。ランナーを出して群生する。

アロエ　　　　　　　　　　　　　　夏生育型
ハオルチオイデス

ススキノキ科（←ユリ科）　自生地：マダガスカル中部
Aloe haworthioides

アロエの中で極小型。細い暗緑色の葉を広げるが、その表裏には細かな白色の刺が密生し、全体に白色に見える。生長とともに小群生を形成。この仔株を分けて、どんどん増やそう。

アナカンプセロス　　　　　　　　　冬生育型
トメントーサ
花吹雪（はなふぶき）

スベリヒユ科　自生地：南アフリカ・ナミビア
Anacampseros filamentosa ssp. *tomentosa*

毛をまとった肉厚の小さな葉を重ねる。花茎をすっと伸ばして、5〜6弁のピンクの花を咲かせる。生長はやや遅いが、枝を出して小群生となる。どこか山野草風。

多様な"形"に注目！④

ミニミニサイズのサボテン

刺まで可愛い35品種

サボテンは、多肉植物のうち、「サボテン科」に含まれる植物の総称です。日本では何度か大ブームになりました。特に手の平にのるような小さなサボテンは、園芸店はもちろん、雑貨ショップなどでも人気です。

アウストロキリンドロプンチア　夏生育型
姫将軍 ひめしょうぐん

サボテン科
自生地：ペルー
Austrocylindropuntia subulata f. *monst*

棒状団扇サボテン。明るいグリーンの円筒形の茎節が特徴。葉の名残りである肉刺が目立つ。小型で枝を出しやすい。流通も多く、入手しやすい品種。挿し木でどんどん増やせるのもうれしい。

アイロステラ　夏生育型
ムスクラ
雪麗山（せつれいざん）／仙鳳丸（せんほうまる）／白銀宝山（はくぎんほうざん）

サボテン科
自生地：ボリビア
Aylostera muscula

体径4cm程度の小型。細かい白色の刺で覆われている。球体の底の方から、蕾が上がってくる姿が可愛らしい。花は鮮やかなオレンジ色で、春に咲く。群生すると見ごたえがある。

アズレオセレウス　夏生育型
アズレウス
仏頭（ぶっとう）／恐竜角（きょうりゅうかく）

サボテン科
自生地：ペルー
Azureocereus hertlingianus

水色の肌と、金色の細かな刺が美しい柱サボテン。仔株のうちはこの刺は硬くない。柱サボテンの刺は、若い頃は長い傾向。本来大きく育つが、5cm程度の小さな苗が流通。栽培は容易。

Chapter 3 その不思議さに釘づけ 多様な"形"に注目

セレウス
姫ヤマカル柱 ひめやまかるちゅう
フェアリーキャッスル

[夏生育型]

サボテン科　変種
Cereus 'Fairy Castle'

多数の枝が出る小型の柱サボテン。刺は短く暗緑色の肌が目立つ。「電磁波吸収サボテン」と称して大量に流通。やや遮光して育てるとよい。挿し木で増やそう。

マミラリア
銀鯱 ぎんしゃち

[夏生育型]

サボテン科　自生地：メキシコ・タマウリパス
Mammillaria surculosa

直径2〜3cmの極小型で群生する。細かい鈎刺（かぎとげ）とイボ状の肌が本種の特徴。2cm程度のサイズでも、明るい黄花を咲かせる。根は肥大する。

エキノプシス
金盛丸 きんせいまる

[夏生育型]

サボテン科　自生地：ブラジル
Echinopsis calochlora

明るい黄緑色の艶のある肌色のサボテンで刺は黄色。仔吹きをして、小さな群生株を形成。仔を外して用土の上にのせておくだけで簡単に増える。栽培もラクな品種。

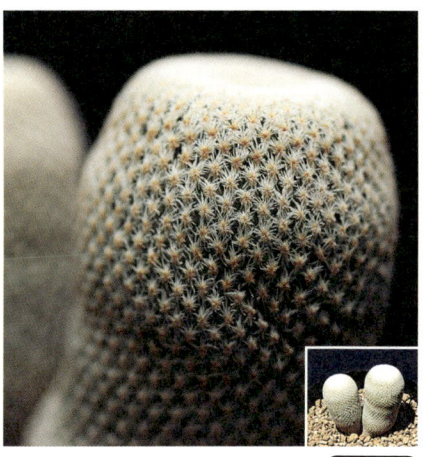

エピテランサ
小人の帽子 こびとのぼうし

[冬生育型]

サボテン科　自生地：アメリカ・テキサスからメキシコ・コアウイラ
Epithelantha bokei

白色の微細な刺が全体を覆い、一見くすんだ白色に見える。まるで小型のキノコのような、独特のフォルムも人気の秘密。花は愛らしい白桃色で、春に開花する。

67

エリオカクタス
金晃丸 きんこうまる
夏生育型

サボテン科　自生地：ブラジル南部
Eriocactus leninghausii

黄金色の刺が全身を覆う様子が美しい、円柱形のサボテン。ミニ苗で流通しているが、本来は大きくなる種。花を見るには大きく育てたい。花は黄色で春に咲く。

エリオカクタス
英冠丸 えいかんまる
夏生育型

サボテン科　自生地：ブラジル（リオグランデ・ド・スル）
Eriocactus magnificus

縦に並ぶ繊細な刺と、青緑色の肌が特徴。ミニサイズで販売されている。大きくなると群生し、高さ60cmにも達する。生長すると、春には明るい黄花をつける。

フライレア
豹の子 ひょうのこ
夏生育型

サボテン科　自生地：アルゼンチン、ウルグアイ、パラグアイ
Frailea pygmaea

極々小型のサボテン。暗緑色の肌に、細かな刺の塊が張りついていく。分球して小さな群生のように育つ。流通量は少ないが、自花結実するので、こぼれ種で発芽することも。

フライレア
狸の子 たぬきのこ
夏生育型

サボテン科　自生地：ウルグアイ
Frailea pseudopulcherrima

かなり小型のサボテン。"豹の子"よりも長い刺を全身にまとい、まさしく狸のよう？　通常、単頭だが、周囲に仔ができて群生株になることも。流通量は少ない。

Chapter 3 その不思議さに釘づけ 多様な"形"に注目

マミラリア
テレサエ
冬生育型

サボテン科　自生地：メキシコ・タマウリパス
Mammillaria theresae

マミラリアの中でも特に小型。刺は羽毛状でやわらかく、株全体にドットを描く。その隙間からわずかにのぞく肌は、赤く染まりやすい。初夏に咲く花は、紫から桃色。

ギムノカクタス
白鯱 しろしゃち
冬生育型

サボテン科　自生地：メキシコ
Gymnocactus knuthianus

白い刺を全身にまとい、小型で群生する。生育は非常に遅いので、じっくり育てたい。早春に、ピンクの花を生長点付近に群開させる姿は、大変見ごたえがある。

ギムノカリキウム
緋花玉 ひかだま
夏生育型

サボテン科　自生地：アルゼンチン・カタマルカ
Gymnocalycium baldianum

球形で主として単幹。肌の色が目立ち、貧弱な刺が張りつく。春から秋に緋色の花が咲き、肌色とのコントラストが美しい。生長期の水やりは、やや多めに。

ギムノカリキウム
海王丸 かいおうまる
夏生育型

サボテン科　自生地：ブラジル南部からアルゼンチン、ウルグアイ　*Gymnocalycium dendatum paraguayensis*

低い球形で、艶やかな暗緑色の肌は、どことなく和風の渋さがある。薄黄色の刺が、模様のように発生するのが愛らしい。花は純白で、肌色との対比が見事。

ギムノカリキウム
ペンタカンサ
聖王丸(せいおうまる)

夏生育型

サボテン科　自生地：ブラジル南部
Gymnocalycium buenekeri

低い球形で、形の整った5稜のサボテン。薄黄色の刺と刺座が目立つ。花は桃色で、春に開花する。写真のように生育とともに群生すると、かなり迫力が出る。

マミラリア
銀手毬 ぎんてまり

夏生育型

サボテン科　自生地：メキシコ
Mammillaria gracilis var. *fragilis*

体径1.5～2cmの超小型。白色の刺を密生させ、よく仔吹きして群生する。仔はポロポロと外れやすく、それを挿し木にすると容易に増える。流通は比較的多く、育てやすい品種。

マミラリア
松霞 まつがすみ

夏生育型

サボテン科　自生地：キューバ
Mammillaria prolifera

体径4cm程度の超小型。写真のように、背の低い群生株に育つ。クリーム色の花を咲かせるが、あまり目立たない。実がつきやすく、その赤い実も観賞価値が高い。

マミラリア
明星 みょうじょう

夏生育型

サボテン科　自生地：メキシコ
Mammillaria schiedeana

暗緑色の肌に、黄刺が美しいサボテン。生育とともに、仔が出てきて群生となる。この種も、小さなクリーム色の花よりも、後に飛び出てくる赤い実の方が目立つ。

マミラリア
カルメナエ
夏生育型

サボテン科　自生地：メキシコ・タマウリパス
Mammillaria carmenae

やわらかい刺で覆われていて、ふんわりした印象。体径3〜4cmと小型だが、群生して株立ちとなる。頂部に円形に蕾が上がり、春から秋に白色の花を冠状に開花させる。

マミラリア
夕霧（ゆうぎり）
総理丸（そうりまる）／白紫（しろむらさき）／雪絹（ゆきぎぬ）
夏生育型

サボテン科　自生地：メキシコ
Mammillaria microhelia

白色と褐色の細かな刺が覆う、小型の球状。生育とともに細長く伸び、そして群生する。花は桃色。開花年数に至る前の小さな苗の状態で、よく流通している。

マミラリア
金手毬（きんてまり）
黄金司（こがねつかさ）／細長丸（ほそながまる）
夏生育型

サボテン科　自生地：メキシコ中部
Mammillaria elongata

細かい黄金色の刺を全身にまとい、円筒形の柱状に育つ。刺は内側に巻いているので、触れてもあまり痛くない。多くの仔を増やして群生する。

ゲオヒントニア
メキシカナ
夏生育型

サボテン科　自生地：メキシコ・ヌエボレオン
Geohintonia mexicana

生長の遅い小型のサボテン。刺は目立たず、筋の入った稜が特徴。近年（1990年頃）お目見えしたばかりの、比較的新しい品種。花は紫紅色で、春から秋に咲く。

Chapter 3　その不思議さに釘づけ　多様な"形"に注目

マミラリア
金洋丸 きんようまる
夏生育型

サボテン科　自生地：メキシコ
Mammillaria marksiana

黄緑色の小突起の目立つ球形。刺は黄色で、花も黄色。ふつう単球で生育するが、仔が吹くこともある。流通量も多く、比較的丈夫で育てやすいのでチャレンジを。

マミロプシス
月宮殿 げっきゅうでん
冬生育型

サボテン科　自生地：メキシコ・ドゥランゴ、ハリスコ、チワワ
Mamillopsis schumanni

冴えるような白色の鈎刺（かぎとげ）に覆われる。花筒の長い鮮やかな紅花とのコントラストが美しい。仔を出して群生するが、蒸れないように風通しよく。春に開花する。

レブティア
研宝丸 けんぽうまる／黄花研宝丸 きばなけんぽうまる
夏生育型

サボテン科　自生地：アルゼンチン北部
Rebutia violacitfora v. knuthiana

超小型の球形で、群生する。球体の基部から蕾が上がり、開花する。やわらかい光で育てるとよい。栽培は簡単だが、流通量が少なく、入手できればぜひ育てたい品種。

パキケレウス
武輪柱 ぶりんちゅう
夏生育型

サボテン科　自生地：メキシコ、アメリカ・カリフォルニア
Pachycereus pringlei

自生地では巨大に育つ柱サボテンだが、一般に小さな小苗がよく流通する。小さいうちは、枝分かれもしない。10年単位で、じっくり大株に育てるのもよいもの。

Chapter 3 その不思議さに釘づけ 多様な"形"に注目

パロディア（ノトカクタス）
紅小町 べにこまち／白閃小町 はくせんこまち
夏生育型

サボテン科　変種
Parodia (← Notocactus) scopa var. ruberrimus

"紅小町"は、細かい白色の刺が全身を覆うが、茶色の少し長い刺も刺座ごとにある。結果、全体が薄紅色の球体に見える。"白閃小町"は、どこまでも白い刺が美しい。

テフロカクタス
松笠団扇 まつかさうちわ／武蔵野 むさしの
松笠サボテン（まつかさサボテン）
冬生育型

サボテン科　自生地：アルゼンチン
Tephrocactus articulatus var. inermis

高山地帯原産の小型サボテン。マツボックリのようなフォルムに、灰紫色で刺のない幹肌で、あまり植物っぽくない姿。基本種の"武蔵野"は、薄い紙状の刺が特徴。

パロディア（ノトカクタス）
獅子王丸 ししおうまる
夏生育型

サボテン科　自生地：ウルグアイからアルゼンチン
Parodia (← Notocactus) mammulosa ssp. submammulosa

凸凹とした光沢のある緑色の球体に、白く硬い刺が配され、どこかメカニカルな印象。黄色い光沢のある花を咲かせる。暑さ・寒さには強いので、育てやすい品種。

ペレキフォラ
銀牡丹 ぎんぼたん
松毬玉（しょうきゅうぎょく）
夏生育型

サボテン科　自生地：メキシコ・ヌエボレオン
Pelecyphora strobiliformis

小さな三角イボを密に重ねた松笠のよう。大変生長が遅く、2cm程度の小さなものが、実生5年以上に達する。春に紫紅色の花が咲く。以前は、エンケファロカルプス属とされた。

73

リプサリス
青柳 (あおやなぎ)　　米粒リプサリス (こめつぶりぷさりす)
夏生育型

サボテン科　自生地：ブラジル中部からウルグアイ
Rhipsalis cereuscula

ずんぐりとした円筒形の茎節を連ねて、どんどん伸長する。細かな毛のような刺が生えるが、ほとんど目立たない。栽培は簡単。最近は園芸店でもよく見られるようになった。

ストロンボカクタス
菊水 (きくすい)
夏生育型

サボテン科　自生地：メキシコ・イダルゴ、ケレタロ
Strombocactus disciformis

扁平で緑色の亀の甲羅のような姿。自生地では泥状の土に埋もれて生育。とても生育が遅い。黄色い花は春から初夏に咲く。水やりを控えめにするのがコツ。

ツルビニカルプス
昇竜丸 (しょうりゅうまる)
冬生育型

サボテン科　自生地：メキシコ・タマウリパス
Turbinicarupus schmiedickeanus

体径3cmほどの超小型のサボテン。くるくるとした爪状の刺が発達している。親指大程度の幼苗のときから、冬から早春に薄桃色の花を咲かせる。生長期は水を多めに。

ブロスフェルディア
松露玉 (しょうろぎょく)
夏生育型

サボテン科　自生地：ボリビアからアルゼンチン
Blossfeldia liliputana

わずか1cm前後の球体で、キノコのようななんとも不思議なフォルムで目を引く。世界最小級のサボテンとして知られる。栽培はやや難しく、接木栽培がよく見られる。

Chapter 4

触れる・花を咲かせるetc.
"楽しみ方"で選ぶ

まるでフェルトの感触
"月兎耳"(p.88)

多肉植物に香りがあることをご存知ですか?
では、多肉植物を盆栽のように育てたことは?
ハンギングしていますか? 花を咲かせてみませんか? 触ってみては? 思いがけない多肉植物との付き合い方をお教えします。

"楽しみ方"で選ぶ①

ハンギングに向く下垂タイプ

どんどん伸びる11品種

多肉植物とハンギング。その最もメジャーな品種は丸い玉状の"グリーンネックレス"でしょうか。他にも葉っぱ風、紐スタイル、ビーズ細工のようなものなどなど、多様な姿をお楽しみください。

セダム　　　　　【夏生育型】
玉つづり たまつづり

ベンケイソウ科
自生地：メキシコ
Sedum morganianum

昔から多くの人に知られ、愛されている多肉植物のひとつ。さわやかな明るいグリーン。先が尖った円筒形の葉を密に連ねて下垂する。やや弱めの光で、風通しのよい環境だと調子がよい。

セネキオ　　　　【夏生育型】
緑の鈴 みどりのすず
緑の鈴 斑入り
グリーンネックレス

キク科　英名：String-of-beads Senecio
（ストリング オブ ビーズ セネキオ）
自生地：南西アフリカ　*Senecio rowleyanus*

観葉植物としてお馴染みの人気種。球形の葉を細い茎に互生してつけ、どんどん伸びて下垂する。水やりは、やや多めがよい。半日陰を好む。秋に可愛らしい白色の小さな花を咲かせる。

セネキオ　　　　【夏生育型】
三日月ネックレス みかづきねっくれす
弦月（げんげつ）／田毎の月（たごとのつき）

キク科　英名：Creeping Berries
（クリーピング ベリーズ）
自生地：南アフリカ・ケープタウン
Senecio radicans

"緑の鈴"は葉が球形だが、こちらは細長く少し湾曲した葉で、少々エレガント。日陰で湿潤に栽培すると、葉はふっくらとする。強い光のもとでは、紫色を帯びる。やや暑さが苦手なので注意。

Chapter 4 触れる・花を咲かせる etc. "楽しみ方"で選ぶ

オトンナ カペンシス 〔冬生育型〕
ルビーネックレス／黄花新月（きばなしんげつ）／紫月（しげつ）

キク科　自生地：南アフリカ
Othonna capensis

紫色を帯びた緑葉を連ねて下垂する。特に茎は、濃い紫色で美しい。品種名の"カペンシス"は、アフリカのケープ産を意味する。比較的強健なので、育てやすい。

セロペギア ハートカズラ 〔夏生育型〕

ガガイモ科　自生地：南アフリカ
Ceropegia woodii

園芸店でよく見かけるこの種も、多肉植物の一種。なんといっても、ハート型の葉が愛らしい。独特の網目模様。根元や土に触れている地際の節に、塊根（p.119参照）ができる。

アポロカクタス 金紐（きんひも）〔夏生育型〕

サボテン科　英名：Rattail Cactus（ラッツテイル カクタス）
自生地：メキシコ・イダルゴ　*Aporocactus flageliformis*

「紐サボテン」とも呼ばれ、立ち上がらずに這ったり、垂れ下がるように育つ。ピンク色の鮮やかな花を、春に群開させる。定期的に肥料を与える。耐寒性に富む。

ハチオラ 猿恋葦（さるこいあし）〔夏生育型〕

サボテン科　自生地：ブラジル・ミナスジェライス
Hatoria salicornioides（*Rhipsalis salicornioides*）

円筒状の茎節を連ねるが、小型のうちはしっかりと真上に向かい、伸長する。連なった茎節が長くなると、しだいに下垂し始める。非常によく枝分かれする。

77

リプサリス
松風 まつかぜ
夏生育型

サボテン科　自生地：ブラジル
Rhipsalis capillaifomis

すらっとした円筒状の茎が伸び、旺盛に枝を出して下垂する姿が美しい。花はクリーム色で、直径5mm程度。茎の最先端近くにつく。水苔植えにするとよい。

リプサリス
東天紅 とうてんこう
夏生育型

サボテン科　自生地：コスタリカ
Rhipsalis tonduzii

他のリプサリス属のように円筒状ではなく、葉状、あるいは稜が目立つイメージ。枝分かれして下垂し、やや大型に育つ。水苔植えすると生育がよくなるのでお勧め。

リプサリス
ピロカルパ
朝の霜（あさのしも）／髭赤葦（ひげあかあし）
夏生育型

サボテン科　自生地：ブラジル
Rhipsalis pilocarpa

やわらかい刺に覆われた茎節を連ね、しだいに下垂する。太陽光下では茎節が赤く染まり、細かな白刺とのコントラストが美しい。黄白色の花には芳香が。

クラスラ
ペルシダ・マルギナリス・リトルミッシー
夏生育型

ベンケイソウ科　園芸品種
Crassula 'Little Missii'

小さな三角葉を密につけて、ほふくする。低温期には、葉の縁が赤く染まり美しい。花は白色で夏に咲く。

"楽しみ方"で選ぶ②

花がきれい！
花を咲かせたい！

見とれるばかりの19品種

多肉植物の花は、他の草花とは
一線を画す独特の存在感があります。
あるものはメタリックで植物にも見えないほどで、
かとおもえば風に揺れる清楚なたたずまいの花も。
お好みの品種を見つけて、ぜひ愛でてください。

Chapter 4 触れる・花を咲かせるetc. "楽しみ方"で選ぶ

クラスラ 〔夏生育型〕
桜花月 さくらかげつ
新花月（しんかげつ）

ベンケイソウ科
園芸品種
Crassula portulacea 'Sakurakagetsu'

"花月"（p.16）の濃桃花の変種。今や基本種よりメジャーかも。12月～2月頃までの冬咲き。"花月"は大きく育たないと開花しないが、"桜花月"は小さな株でも開花。栽培は容易。

カランコエ 〔夏生育型〕
花ものカランコエ
紅弁慶（べにべんけい）

ベンケイソウ科
自生地：マダガスカル
Kalanchoe blossfeldiana

秋咲きでお馴染みの「カランコエ」。矮性種、高性種、斑入り種などさまざまな変種があり、花色も白、黄色、ピンク、オレンジと多彩。開花期は11～12月。栽培は容易だが、寒さには弱い。

カランコエ 〔夏生育型〕
エンゼルランプ

ベンケイソウ科
自生地：マダガスカル
Kalanchoe uniflora

濃紅色の鐘状の花が、茎の先から多数ぶら下がって咲く姿は、まさしくランプ。開花期は3～5月。這い性だがハンギング仕立てに向く。蒸れに弱いので、風通しを確保するのが大切。

79

ヒロテレフィウム　　　　　　　　　　夏生育型
大弁慶草 おおべんけいそう

ベンケイソウ科　自生地：中国、朝鮮半島
Hylotelephium spectabile

ピンク色の花を9〜10月に開花。夏緑の多年草で、草丈40〜50㎝。葉は白緑色、白粉を帯びている。耐寒性に富む屋外向きの品種で、室内では弱い。旧セダム属。

フェディムス　　　　　　　　　　　　夏生育型
麒麟草 きりんそう

ベンケイソウ科　英名：Kamchatka Stonecrop（カムチャッカストーンクロップ）　自生地：日本列島、シベリア東部から中国、朝鮮半島　*Phedimus kamtschaticus*

海岸から亜高山帯までの、岩場や乾燥しやすい草原に生える。5月に星型の黄色い花を多数咲かせる。冬は地上部が枯れ、根元に新芽をのぞかせた状態で越冬。旧セダム属。

ランプランタス　　　　　　　　　　　夏生育型
松葉菊 まつばぎく
仙人掌菊（さぼてんぎく）／立性松葉菊（たちせいまつばぎく）

ハマミズナ科　自生地：南アフリカ
Lampranthus spectabilis

細長い多肉葉に菊のような花を咲かせる。花色はピンク、赤、白、オレンジと多彩。開花期は4〜6月。比較的寒さにも強いが、デロスペルマ属（"麗晃" p.106）よりは弱い。

カマエケレウス　　　　　　　　　　　夏生育型
白檀 びゃくだん

サボテン科　英名：Peanut Cactus（ピーナット カクタス）
自生地：アルゼンチン・ツクマンからサルタ　*Chamaecereus silvestrii*

たくさんの細い円筒形の枝を出して広がり、土の表面を這うように伸びる。朱色の花を群開させる。開花期5〜7月。比較的丈夫で、民家の軒下など、露地に植えられていることも。

Chapter 4 触れる・花を咲かせる etc. "楽しみ方"で選ぶ

エキノプシス
短毛丸 たんげまる
夏生育型

サボテン科　自生地：ブラジルからアルゼンチン
Echinopsis eyriesii

白い大輪の花が夜に咲く。開花期は春から夏。仔吹きしやすく群生株となると見事。昔から、民家の軒先に鉢植えで育てられていたお馴染みの品種。とても強健。

エピフィルム
月下美人 げっかびじん
夏生育型

サボテン科　自生地：メキシコからブラジル
Epiphyllum oxypetalum

ジャングルサボテン。葉のように見えるのは、平らになった茎。大きな白花は径25cm程度、夜咲き性で素晴らしい芳香。花期は6～10月。背が高くなったら、行灯づくりがお勧め。

エピフィルム
クジャクサボテン（赤花／白花）
オーキッドカクタス
夏生育型

サボテン科　自生地：メキシコ
Epiphyllum hybrids

ジャングルサボテンの一種。平たい葉から、枝をたくさん出す。花色は赤、黄、白など多彩。花期は5～6月。"月下美人"に比べると茎節の幅が狭く、やや厚みがある。

マミラリア
玉翁 たまおきな
夏生育型

サボテン科　英名：Old Lady Cactus（オールドレディ カクタス）/ Old Lady of Mexico（オールドレディ オブ メキシコ）/ Old Women Cactus（オールドウーマン カクタス）
自生地：メキシコ・ケレタロ　*Mammillaria hahniana*

早春に開花。刺よりも長い、細い毛が生えていて、全身が白色の球状。仔をたくさん吹いて、群生する。

81

マミラリア　　　　　　　　　　　夏生育型
ボンビシナ
　　　　　　　　豊明丸（ほうめいまる）

サボテン科　英名：Silken Pincushion
自生地：メキシコ　*Mammillaria bombycina*

大きなマウンドを形成する。褐色のフック型の刺の周りに、短くて白い刺が放射状に出る。春に可愛いピンクの花を咲かせる。栽培は容易で、初心者でも安心。

ネオポルテリア　　　　　　　　　夏生育型
白翁玉　はくおうぎょく

サボテン科　自生地：チリ
Neoporteria gerocephala

金色から白色のカールした刺に覆われる姿が独特。冬から早春に、濃いピンクの花を咲かせる。花びらはシャープで光沢があり、見ごたえ充分。流通量は少ない。

パロディア（ノトカクタス）　　　　夏生育型
ヘルテリ

サボテン科　自生地：ウルグアイ
Parodia (← *Notocactus*) *herteri*

低い球形のサボテン。古くから流通している。短い刺が稜線に生え、黄緑色の肌が目立つ。紫紅色の花の花期は6〜8月。ただし幼苗の場合は、花が咲くまで数年かかることも。

パロディア（ノトカクタス）　　　　夏生育型
青王丸　せいおうまる

サボテン科　自生地：ウルグアイ
Parodia (← *Notocactus*) *ottonis* ssp. *ottonis*

花びらはメタリックな濃い黄色で、径約6cm。大きい花びらと、赤い雌しべとのコントラストが美しい。開花は5月頃。とても丈夫で育てやすく、子供でも充分面倒がみられる。

82

Chapter 4 触れる・花を咲かせる etc. "楽しみ方"で選ぶ

パロディア（ノトカクタス）
すみれ丸 すみれまる
芍薬丸（しゃくやくまる）
夏生育型

サボテン科　自生地：ウルグアイ
Parodia (← *Notocactus*) *uebelmannia*

光沢のある濃い緑色の美しい肌。低い球形の基部は、長い刺で網状に見える。花は紫紅色で直径7cm程度、黄色の雄しべ、紫紅色の雌しべとコントラストの美しい花を咲かせる。

リプサリドプシス
イースターカクタス
夏生育型

サボテン科　自生地：ブラジル　*Rhipsalidopsis gaertneri*

復活祭（イースター）の頃に花を咲かせることから、この名がついた人気品種。茎節（葉状の茎）の先端に1～3個の星状の花をつけ、株全体に群開する。花は赤や桃色で、多くの品種がある。花期は4～5月。

ロードカクタス
桜麒麟 さくらきりん
夏生育型

サボテン科　自生地：アルゼンチン
Rhodocactus nemorosa

光沢のある大きな葉を持つ、木の葉サボテン。低木のように育つ。小さなバラのような桃色の花が可愛らしい。花期は6～7月。冬は落葉して休眠する。

シュルンベルゲラ
シャコバサボテン
クリスマス・カクタス
夏生育型

サボテン科　自生地：ブラジル
Schlumbergera truncata

ジャングルサボテンの一種で、もとは樹上で着生。縁にギザギザがある小判型の茎節を連ね、枝分かれする。花は赤色、ピンク、黄色、白色などの花を10月から1月頃に咲かせる。

83

"楽しみ方"で選ぶ③

素晴らしい香りを堪能する

馥郁たる7品種

多肉植物と芳香……。
意外な組み合わせのように思えますが
実は、素敵な香りを放つ品種も。
その香りの源は、花や葉です。
シソ科、ユリ科と聞けば納得、ではないでしょうか。

プレクトランサス　**夏生育型**
アロマティカス
キューバンオレガノ／スパニッシュタイム

シソ科
自生地：アフリカ東部
Plectranthus amboinicus

ミントに似たさわやかな香り。産毛に覆われた、ビロードのような肉厚の丸い葉も魅力的。世界的に流通しており、量も多いので、入手しやすいのもうれしいところ。水栽培も可能なので挑戦を。

プレクトランサス　**夏生育型**
エルンスティ

シソ科
自生地：南アフリカ
Plectranthus ernstii

甘めのミントの香り。塊根性の姿が、どっしりとした盆栽風のたたずまい。枝を挿し木しても、後に塊根ができる。同じシソ科の青紫蘇と同様の姿の、青紫色の花を咲かせる。寒さは苦手。

コレウス　**夏生育型**
アンボイニクス
アンボイニクス 斑入り

斑入り

シソ科
自生地：熱帯アフリカ
Coleus amboinicus

"アロマティカス"よりも、強めのミント香。葉も大きく、通常は覆輪斑の入ったものがよく販売されている。斑の部分がピンクに染まり、香りだけでなく、観賞価値も充分で、育てがいがある。

Chapter 4 触れる・花を咲かせる etc. "楽しみ方"で選ぶ

プレクトランサス
ペンテリー
夏生育型

シソ科　自生地：熱帯アフリカ
Plectranthus pentheri

ミント系の、清々しい香り。"アロマティカス"のような丸い葉ではなく、披針形。微毛に覆われた葉の縁は、ほんのり紫に染まる。寒さには弱いので、冬の管理はしっかりと。

プレクトランサス
サルコステムモイデス
夏生育型

シソ科　自生地：アフリカ
Plectranthus sp. Kenya

紫蘇に似た、さわやかな香り。小型で肉厚の葉。枝が垂れながら跳ね上がり、どんどん伸びていく。耐寒性に劣るので、冬は必ず室内、もしくはビニールハウスで温度管理を。

ストマチウム
浮舟玉 うきふねぎょく
冬生育型

ハマミズナ科　自生地：南アフリカ
Stomatium peersii

夜咲きの黄色い花は、甘く、なんともいえないよい香りを放つ。突起のある肉厚の葉も、大変特徴的。夏の蒸れに弱いので、要注意。流通量は少ないので、見つけたら幸運。

アルブカ
フミリス
冬生育型

キジカクシ科（←ユリ科）　自生地：南アフリカ
Albuca humilis

バニラのような甘い芳香花。5月頃に咲く、白と黄緑の縞状の花も、とても可愛らしい。多数の細い葉を出し、よく分球し増える。常半緑。球根は地上に出ていても問題ない。

"楽しみ方"で選ぶ ④

堂々たる風格の BONSAI風

見ごたえ充分の7品種

多肉植物といえば、小さくて可愛らしいイメージ。
しかし、ここでご紹介するような、
威風堂々たる姿のものも。
これらの栽培のコツは、大事に長く育てること。
成長とともに、さらに見ごたえが増すでしょう。

ブルセラ　**夏生育型**
ファガロイデス

カンラン科
自生地：メキシコ
Bursera fagaroides

はがれたような樹皮に貫録があり、和風の盆栽のような姿。秋には黄色から赤に紅葉し、冬に落葉するなど、季節の変化も楽しめるのがうれしい。ただし冬の寒さには弱い。流通量は少なめ。

カリバヌス　**夏生育型**
フーケリー

キジカクシ科（←リュウゼツラン科）
自生地：メキシコ東部
Calibanus hookeri

一見、観葉植物の"ノリナ"(トックリラン)の細葉のように見えるが、扁平の塊茎を持ち、ところどころに芽が吹く。茎は立ち上がることはなく、塊茎は大きく育つ。暑さ・寒さに強い。

アデニア　**夏生育型**
グラウカ
幻蝶かずら(げんちょうかずら)

トケイソウ科
自生地：南アフリカ・リンポポ、ボツワナ
Adenia glauca

ぽっこりと膨らんだ基部は、緑色のとっくりのよう。トケイソウの仲間らしい掌状の葉の形が面白い。この葉は冬に落ちるので、根元からカットするとよい。茎はつる状に伸びる。

Chapter 4 触れる・花を咲かせる etc. "楽しみ方"で選ぶ

フォッケア
エデュリス
火星人(かせいじん)
夏生育型

ガガイモ科　自生地：南アフリカ・北ケープ州から西ケープ州、ナミビア南部の一部の地域　*Fockea edulis*

灰白色のザラザラの肌と、塊根（イモ）から伸びる根が特徴。イモの小さなものは、たまに流通している。そこから、じっくり大きくイモを育てたい。枝はつる性なので支柱を立てよう。

ポーチュラカリア
モロキエンシス
夏生育型

スベリヒユ科　自生地：ハワイ
Portulacaria molokiniensis

太い幹の頂部に、2枚の肉厚葉を交互に対生してつける。茎の茶色と、葉の緑色のコントラストがきれい。姿よく繁茂する。成長は遅め。寒さが苦手なので冬は保温を。

パキポディウム
シバの女王の玉櫛 しばのじょおうのたまぐし
夏生育型

キョウチクトウ科　自生地：マダガスカル
Pachypodium densiflorum

形よく枝分かれしたシルバーの茎からは、太く鋭い刺が発達する。明るい緑色の葉とのコントラストも魅力。春に咲く可愛らしい黄色い花も、見どころのひとつ。

フィカス
アブチリフォリア
夏生育型

クワ科　自生地：アフリカ南部
Ficus abutilifolia

茎の基部が丸く膨らんで、イモを形成するのが特徴。ハート型の葉は、株の生長に伴って大きくなって見ごたえがある。冬季は落葉して休眠状態になるので、水やりは控えめに。

"楽しみ方"で選ぶ ⑤

ビロードのような手触り…

触れてみたい7品種

多肉植物の、あまり知られていない楽しみ方が「触って、その感触を味わう」。こちらでご紹介する品種は、なんともやさしい触り心地で、二度、三度とその感触を確かめたくなること請け合いです。

エケベリア　【夏生育型】
花の司 はなのつかさ
ハムシー／錦の司 (にしきのつかさ)

ベンケイソウ科
英名：Plush Plant Red Echeveria
自生地：メキシコ　*Echeveria harmsii*

舟形の葉は花びらのように広がる。葉は白い毛で覆われて、表面はやわらか。葉の縁に紅の覆輪が入る。茎が立ち上がり株立ちに。昔から愛好されてきた多肉植物のひとつ。

カランコエ　【夏生育型】
月兎耳 つきとじ

ベンケイソウ科
自生地：マダガスカル
Kalanchoe tomentosa

薄い灰緑色の葉は産毛で覆われていて、フェルトのような感触。先端付近は茶褐色に縁取られる。比較的丈夫で、初心者向き。園芸店はもちろん、雑貨ショップでもよく見かける人気の品種。

カランコエ　【夏生育型】
仙女の舞 せんにょのまい
フェルトブッシュ／ベルベットリーフ

ベンケイソウ科
自生地：マダガスカル
Kalanchoe beharensis

波打つ肉厚の葉が特徴的。葉の感触は張りのある毛質で、文字どおりベルベットのよう。茎は木質化して立ち上がる。大きくなると風格があるので、明るい窓辺などに置き、じっくり育てたい。

Chapter 4 触れる・花を咲かせる etc. "楽しみ方"で選ぶ

カランコエ
ファング
夏生育型

ベンケイソウ科　変種
Kalanchoe behalensis 'Fang'

"仙女の舞"（p.88）の変種。やや肉厚で幅の広い葉の裏には突起がある。縁には黒褐色の模様が。葉の全体が毛に覆われているため、触れるとビロードのよう。

シニンギア
断崖の女王 <small>だんがいのじょおう</small>
ブラジリアンエーデルワイス
夏生育型

イワタバコ科　自生地：ブラジル
Sinningia leucotricha

塊根から茎が立ち葉をつける、不思議なフォルム。葉は、シルバーのやわらかい産毛に覆われている。オレンジ色の筒状の花が咲く。強い光は苦手なので、日陰に置くか遮光して。

トラデスカンチア
白雪姫 <small>しらゆきひめ</small>
絹紫（きぬむらさき）
夏生育型

ツユクサ科　自生地：メキシコ、グアテマラ
Tradescantia sillamontana

ツユクサ科の本種は、まさにツユクサの葉が白色の軟毛に覆われたような姿で、触り心地はソフト。夏緑の多年草で、冬季は地上部が枯れる。花は淡い紫桃色で、秋に咲く。

マミラリア
白星 <small>しらほし</small>
冬生育型

サボテン科　自生地：メキシコ・コアウイラ
Mammillaria plumosa

白色の羽毛のような刺を全身につけるが、とてもサボテンとは思えない、やわらかな手触り。仔吹きし群生する。夏の蒸れに弱い。花は白から淡いピンクで春咲き。

89

"楽しみ方"で選ぶ⑥

実はこれも多肉植物！

意外な7品種

「どう考えても木」「絶対にイモ！」。
いえ、本当に多肉植物なのです。
「星を破壊する！」と恐れられた巨木も
直径2㎝ほどの小鉢で売られているものも
同じファミリーだから面白いのです。

ペレスキア 　　　夏生育型
杢麒麟 もくきりん

サボテン科
自生地：アメリカ・フロリダ、西インド諸島、ブラジル
Pereskia aculeata

「これが多肉植物？」と言いたくなるような樹木にしか見えない姿形。光沢のある広い葉を持っている。よく枝を出して、旺盛に伸長し繁茂する。冬の寒さは苦手なので、室内へ取り込もう。

レウコテンベルギア 　　　夏生育型
光山 こうざん
晃山（こうざん）

サボテン科
自生地：メキシコ中部から北部
Leuchtenbergia principis

ユッカ（「青年の木」で有名）やアガベ（p.48など）のようなフォルムだが、実はサボテンの仲間。葉に見えるのは茎の一部の突起であり、特に長い。さらにその先端に、紙状の長い刺がつく。

アダンソニア 　　　夏生育型
バオバブ

キワタ科
自生地：南西アフリカからナイジェリア
Adansonia digitata

童話「星の王子様」で有名なバオバブの木。栽培していると、茎の下部から太ってきて、徐々に絵本の中の絵に近づく。高さ20～30㎝の苗がよく流通しているが、じっくり大きく育てたい。

Chapter 4 触れる・花を咲かせる etc. "楽しみ方"で選ぶ

ボウィエア
蒼角殿 そうかくでん
玉蔓草（たまつるくさ）／クライミングオニオン

［夏生育型］

キジカクシ科（←ユリ科）　自生地：南アフリカ
Bowiea volubilis

鮮緑色のタマネギのような球根からつるを伸ばし、細かい枝を無数に出して絡みつく。緑色の小さな花をつけるが目立たない。支柱を立てたり、行灯づくりにするとよい。

パキポディウム
恵比寿笑い えびすわらい

［冬生育型］

キョウチクトウ科　自生地：マダガスカル
Pachypodium brevicaule

ショウガの根っこのような、銀白色の塊茎を持つ植物。花は黄色で、4月頃に咲く。高山性なので、夏の蒸れには弱い。風通しを確保して栽培するのがポイント。

フィランタス
ミラビリス

［夏生育型］

トウダイグサ科　自生地：タイ北部からラオス
Phyllanthus mirabilis

どっしりとした塊根から、葉が直接生えてくる不思議な植物。この葉が夜に閉じる。色は、緑色から赤胴色。夏は半日陰に置き、寒さに大変弱いので冬は暖かく管理を。

ディオスコレア
亀甲竜 きっこうりゅう
アフリカ亀甲竜（あふりかきっこうりゅう）

［冬生育型］

ヤマノイモ科　英名：Elephant's Foot
自生地：南アフリカ　*Dioscorea elephantipes*

我々が食するジネンジョやナガイモの仲間。塊根は半球状。コルク質の表面には亀甲状の彫りが入る。夏の間は休眠し、秋からつる性の茎を出し、ハート型の葉をつける。

91

"楽しみ方"で選ぶ⑦

エアープランツも多肉植物

不思議な31品種

エアープランツは、水やり不要で手間要らず？
いいえ、それは間違いです。
エアープランツは非常に乾燥に強い種ですが、
まったく水を与えないと、そのうち枯れます。
植物ですから、水はまさしく「命の源」なのです。

ティランジア　**夏生育型**
ジュンシフォリア

アナナス科
自生地：メキシコから中米グアテマラ
Tillandsia juncifolia

細く長い葉が美しいエアープランツ"ジュンセア"の1タイプ。こちらは、白い毛が少なく小型の銀葉系。栽培はラクなので、長期で育てたい。蒸れに注意して、うまく夏越しさせよう。

ティランジア　**夏生育型**
ブリオイデス

アナナス科
自生地：ペルー、ボリビア、アルゼンチン
Tillandsia bryoides

エアープランツの中で超小型。2〜4cmの草丈でも開花する。一見、苔のようで、よく群生する。銀葉系。乾燥しすぎると弱ってくるので、多湿状態をキープするのがポイント。

ティランジア　**夏生育型**
ブルボーサ

アナナス科
自生地：メキシコからブラジル
Tillandsia bulbosa

よく流通している人気種。緑葉系で基部はツボ状、細い葉がくるくるとうねる。小さな個体から大きめのものまで変異がある。風通しと水が大好き。水苔植えにすると調子がよい。

Chapter 4 触れる・花を咲かせる etc. "楽しみ方"で選ぶ

ティランジア
アラウジェイ
夏生育型

アナナス科　自生地：ブラジル
Tillandsia araujei

形のよい小型のティランジア。明るいグリーンの葉が美しい品種。細く短い葉は硬く、長く伸長してどんどん育つ。比較的湿度を好むので、定期的に霧吹きで水を噴霧すると調子がよい。

ティランジア
ブラキカウロス・セレクタ
夏生育型

アナナス科　自生地：メキシコ南部から中米
Tillandsia brachycaulos

本種は緑葉系だが、"セレクタ"は開花前後に葉が赤く紅葉するのが特徴の選抜品種。水苔植えも可能。高湿度を好むので、霧吹きでの水やりを。比較的大型になる。

ティランジア
ブッツィ
夏生育型

アナナス科　自生地：メキシコからパナマ
Tillandsia butzii

基部はツボ型で縞模様。細い葉がうねる。半日陰と水気を好む。湿度を高める、水やりの回数を増やすなどするとよい。その反面、夏の蒸し暑さに弱いので要注意。緑葉系。

ティランジア
カピタータ
夏生育型

アナナス科　自生地：メキシコから中米
Tillandsia capitata

形のよいロゼット型。全体に明るい緑色の葉だが、接近して見ると白い毛がある銀葉系。さまざまな色彩の品種がある。水を好む。寒さに弱いので、冬季は8℃以上に保とう。

93

ティランジア
カプトメドゥーサエ
夏生育型

アナナス科　自生地：中米
Tillandsia caput-madusae

カプトは「頭」の意。メドゥーサの頭のような姿が種小名「caput-medusae」になっている。形のよいツボ型で葉をくねらせる。栽培は容易。銀葉系。よく流通している品種。

ティランジア
コルビィ
夏生育型

アナナス科　自生地：メキシコから中米
Tillandsia kolbii

"イオナンタ"（p.96）は放射状に開くのに対し、"コルビィ"は一方向にカーブしたような形状と、個性が異なる。栽培は割合に容易なので、初心者向きでもある。銀葉系。

ティランジア
ドゥラティー
夏生育型

アナナス科　自生地：ボリビア、パラグアイ
Tillandsia duratii

長い葉がくるくるとカールする。栽培は容易。比較的大型のエアープランツ。温暖な季節は、庭木に吊り下げて育てると、独特の存在感が際立ってお勧め。銀葉系。

ティランジア
ファシキュラータ
夏生育型

アナナス科　自生地：アメリカ・フロリダからコスタリカ
Tillandsia fasciculata

葉を放射状に展開する、大型種。鉢植え、あるいは水苔に着生させると成長の勢いが増す。水を好むので、水枯れしないように注意すること。銀葉系。

フックシー・フッシー

フックシー・グラキリス（アルゲンテア）

ティランジア　　　　　　　　　　　夏生育型
フックシー・フックシー
フックシー・グラキリス

アナナス科　自生地：グアテマラ
Tillandsia fuchsii var. fuchsii ／ Tillandsia fuchsii forma gracilis

小型で細い葉を展開する。フックシー・グラキリスは「アルゲンテア」の名でよく流通し、針のように細い葉。やや暑さや乾燥に弱いので注意して。銀葉系。

ティランジア　　　　　　　　　　　夏生育型
フンキアナ

アナナス科　自生地：ベネズエラ
Tillandsia funkiana

比較的小型の有茎種。茎を伸長させて生育する。多くの変異がある。寒さに弱く、冬季は10℃以上を保ちたい。同時に水やりを控え、乾燥気味に管理するのがコツ。

ティランジア　　　　　　　　　　　夏生育型
ガルドネリー

アナナス科　自生地：コロンビアからブラジル
Tillandsia gardneri

ガラスのように、薄い白銀色の葉を持つ。湿度と明るい環境を好む。ただし、環境が合わないと生長が鈍る癖がある。流木などに置いて、着生を促した方がよく育つ。

ティランジア　　　　　　　　　　　夏生育型
ハリシー

アナナス科　自生地：グアテマラ
Tillandsia harrisii

放射状に葉を展開する整った姿。葉はやや肉厚。代表的な銀葉種。流通は多い。栽培は容易なので初心者でも安心。

Chapter 4　触れる・花を咲かせる etc. "楽しみ方"で選ぶ

ティランジア
フレクスオーサ
夏生育型

アナナス科　自生地：フロリダ半島、西インド諸島、中央アメリカ、南アメリカ北部　*Tillandsia flexuosa*

シルバーとグリーンを合わせたような、明るい色彩。花茎から仔株を出して連なる。こうした現象を持つ種を「ビビパラ種」という。水が好きで、比較的丈夫で育てやすい。

ティランジア
イオナンタ
夏生育型

アナナス科
自生地：メキシコ　*Tillandsia ionantha*

最も普及しているエアープランツと言ってもよいのが、この種。小型の銀葉種で変異も多い。よく仔を出して、株立ちになりやすい。強健種だが、強光下での水分供給は避けて。

ティランジア
アエラントス／ミニアータ
夏生育型

アナナス科
自生地：ブラジルからアルゼンチン　*Tillandsia aeranthos*

明るいグリーンの葉を持ち、群生しやすい品種。耐寒性があり、温暖な地域では、屋外で冬越しできる。丈夫で栽培が容易なので、エアープランツ初心者にもお勧め。株分けも簡単。

ティランジア
マグヌシアーナ
夏生育型

アナナス科　自生地：メキシコから中米グアテマラ
Tillandsia magnusiana

やわらかく、繊細な銀毛を持つ細い葉を、放射状に密度高く広げる。やわらかい日差しと湿度を好む。夏の蒸れに弱いので、水やりの後はよく水けを切るとよい。銀葉系。

Chapter 4 触れる・花を咲かせる etc. "楽しみ方"で選ぶ

ティランジア
パレアセア
夏生育型

アナナス科　自生地：コロンビア、ペルー、ボリビア
Tillandsia paleacea

長い白い毛を持つ銀葉種で、やわらかい触り心地。葉が互い違いに出現して、四方八方に伸びている。茎が長くなって生長するが、大・小の変異が多い。やや乾き気味に栽培。

ティランジア
プルイノーサ
夏生育型

アナナス科　自生地：アメリカ、メキシコ、コスタリカ、ブラジル
Tillandsia pruinosa

形のよいツボ型で、どっしりとした感じ。くねるような葉は、白い毛を持つ銀葉種。大型のタイプもある。水やりは多めにして、湿度を高めにすると調子がよい。

ティランジア
プセウドベイレイ
夏生育型

アナナス科　自生地：メキシコ
Tillandsia pseudobaileyi

比較的大型のティランジアで、姿のよいツボ型。名前は「偽のベイレイ」の意味で、"ベイレイ"という種と似る。葉は非常に硬く、筋模様が入った筒状。生長は遅い。緑葉系。

ティランジア
セレリアナ
夏生育型

アナナス科　自生地：メキシコからエルサルバドル
Tillandsia seleriana

ツボ型の銀葉種。温暖な時期は、そのツボに水をためるように育てるとよいが、逆に冬季は水をためてはいけない。比較的大型に育ち、草丈30cmほどに生長する。

97

ティランジア
ストレプトフィラ

`夏生育型`

アナナス科　自生地：メキシコからホンジュラス
Tillandsia streptophylla

ツボ型。乾くと葉がカールして、独特の姿となる。この葉は、水を吸うとピンと立ち、その姿の変化が面白い。直射日光による葉焼けに気をつける。銀葉系。

ティランジア
ストリクタ

`夏生育型`

アナナス科　自生地：ベネズエラからアルゼンチン
Tillandsia stricta

やわらかい葉を持ち、生長が早く群生株となる。栽培は容易で、開花もよく見られる。水やりは多めの方がよい。多くの交配種がつくられている。流通量は多い。銀葉系。

ティランジア
テクトルム

`冬生育型`

アナナス科　自生地：エクアドル、ペルー
Tillandsia tectorum

放射状に展開する形のよい葉は、長く白い毛で覆われ芸術的。日当たりと風通しを好む。乾燥を好み、給水はミストのみ。ソーキング（水に浸ける）する場合は短めに。

ティランジア
テヌイフォリア

`夏生育型`

アナナス科　自生地：ブラジル
Tillandsia tenuifolia

細い硬めの葉を展開する。軽石などの上に置いて栽培するとよい。丈夫で育てやすいが、水が好きなので、多めに水やりをするのがコツ。流通は多い。緑葉系。

Chapter 4 触れる・花を咲かせる etc. "楽しみ方"で選ぶ

ティランジア
トリコロール
夏生育型

アナナス科　自生地：メキシコからコスタリカ
Tillandsia tricolor

硬い葉を持つ緑葉種。軽石に置き、温暖な季節は明るい環境で育てるとよい。水を好むため、基部に水をためて生長させる。比較的強健なので、初心者にも向く。

ティランジア
ウスネオイデス／太葉種／細葉種
スパニッシュモス／サルオガセモドキ
夏生育型

アナナス科　自生地：アメリカ南部から南米
Tillandsia usneoides

長大な茎を伸ばし、下垂する。直射日光を避けた明るい環境で、高い湿度を好む。温暖期は樹木に吊るしても。太葉種や細い葉の"ファイン"という品種もある。銀葉系。

ティランジア
ヴェリッキアーナ
冬生育型

アナナス科　自生地：グアテマラ
Tillandsia velickiana

細い葉を展開して整った株立ち。高山性のティランジア。湿度が好きな割に、夏の高温多湿に弱い。「オアハカーナ」「オアクサカーナ」という名称でも流通。銀葉系。

ティランジア
キセログラフィカ
夏生育型

アナナス科　自生地：メキシコ、グアテマラ
Tillandsia xerographica

幅広の葉がカールしながら展開する形のよい種。大型のエアープランツ。比較的水を好むが、特に低温期には中心部に水をためないように気をつける。銀葉系。

COLUMN

ミニミニサイズだから
楽しみ方無限大！

　「可愛い！」そう思って、多肉植物を買い求める方は、ミニサイズのものを購入する場合が多いようです。他の植物、たとえば豆盆栽なども愛らしいものですが、多肉植物は格別。他にはないぷっくり肉厚な葉や花のような姿など、非常にコレクション欲をそそりますね。

　そこで、お勧めするのが、「ミニサイズの多肉植物を育てる」こと。もともと小さな種（p.58など）を育てるのはもちろん、仔株を分けたり、葉挿しをするなどして、小さな苗を育てましょう。ちょうどよい小さな鉢があればいいのですが、ちゃんとした焼き物の鉢は、けっこう高価です。身近なもの、たとえば飲料や化粧品のキャップなどに、水抜き穴をキリなどであけて使ってみるのもよいでしょう。小さな容器の場合、用土の乾きが早いので、なるべく細かい粒子の培養土を使用すること、成長期には水やりを多めにすることがポイントです。

　こうしてコレクションするうち、あっという間に100鉢に達するのは、筆者も経験したことです。しかし、小さな鉢なので場所をとりませんから、どうぞご安心ください。

　もちろん、寄せ植えも素敵です。多肉植物は植え替えを嫌わないので、寄せ植え向きといえます。このとき注意したいのは、「夏生育型」と「冬生育型」の品種を交ぜて植えないこと。かたや「今は水はいりません」、もう一方は「成長したいから、いつもより水を！」となっては、美しい寄せ植えの状態を保てません。また、「日陰が好き」タイプと「しっかり日に当ててほしい」という種類は、同居させないようにしましょう。

　こんなふうに、ほんの数cmの小さな多肉植物ですが、「集める楽しみ」「育てる楽しみ」「増やす楽しみ」「寄せ植えする楽しみ」など、多彩な喜びをあなたにももたらすことでしょう。

Chapter 5

屋外OK、寒さに強い…
たくましい多肉植物

手がかからず強健な品種を
庭づくりに活用しよう

インドアプランツの印象が強い多肉植物ですが、中には厳しい環境をものともせず、戸外や屋上などで元気に育つ種があります。昨今は緑化植物としても大活躍。大きく育てれば、シンボルツリーにも。ぜひ、あなたの庭にも！

たくましい多肉植物 ①

グラウンドカバーや石垣に

庭に植えたい19品種

多肉植物は、過酷な環境の中で生まれたものも多数。ここでご紹介するのは、大変強健で、地植えでも元気いっぱい育つ品種です。グラウンドカバーとして、石垣のポイントとして、ぜひあなたの庭で活用を。

ランプランタス　**夏生育型**
バリアビリス

ハマミズナ科
自生地：南アフリカ
Lampranthus variabilis

大変鮮やかな赤紅色の花を咲かせる、華やかな品種。花の径は3cmと小ぶり。6月咲き。ランプランタス属（"松葉菊" p.80）らしく、茎は立ち上がりながら群生する。石垣やロックガーデンに向く。

グラプトペタルム　**夏生育型**
朧月 おぼろづき
グラパラリーフ

ベンケイソウ科
自生地：メキシコ
Graptopetalum paraguayense

肉厚の薄いピンクを帯びた葉をロゼット状に展開。旺盛に伸長して群落となる。石垣などに下垂して生育している。非常に強健で、葉挿しも容易。最近は、健康食品としても販売されている。

セダム　**夏生育型**
メキシコ万年草 めきしこまんねんぐさ

ベンケイソウ科
自生地：不明
Sedum mexicanum

メキシコの名がつけられているが、実は、原産地・自生地は不明である。葉は線形で4〜5個輪生する。茎が直立して、花が多数つく。黄色い花は6〜7月に咲く。蒸れに弱い。

102

Chapter 5 屋外OK、寒さに強い…たくましい多肉植物

フェディムス
竹島麒麟草 たけしまきりんそう
夏生育型

ベンケイソウ科　自生地：韓国の鬱陵島（ウルルンド）
Phedimus takesimense

常緑系の麒麟草。横臥して伸長する。冬季も緑色の葉を残すため、庭や屋上の緑化に重宝する品種。6〜7月に黄花をたくさん咲かせる。ウルルンドは江戸時代、「竹島」「磯竹島」などと呼ばれていたことから名付けられた。

セダム
ツル万年草 つるまんねんぐさ
変種イイジマ へんしゅいいじま
夏生育型

変種イイジマ

ベンケイソウ科　英名：Star sedum ／ Yellow moss ／ Star stonecrop
自生地：朝鮮半島、中国　*Sedum sarmentosum* ／ *Sedum sarmentosum* 'Iijima'

薄いヘラ型の葉は、3個輪生する。葉は明るい黄緑色。茎は長くほふくする。冬芽を形成して、冬季は地上部が枯れる。葉が細く、春の萌芽が旋回する変種は、監修者が発見。

セダム
タイトゴメ
夏生育型

ベンケイソウ科　自生地：日本・関東以西から九州
Sedum oryzifolium

海岸の岩場に自生している。米粒状の葉が可愛らしい。茎は多肉質で、枝分かれをしながら岩上を這い、先の方で立ち上がる。黄花が5〜7月に開花する。

セダム
丸葉万年草 まるばまんねんぐさ
黄金丸葉万年草 おうごんまるばまんねんぐさ
夏生育型

丸葉万年草

黄金丸葉万年草

ベンケイソウ科　自生地：日本
Sedum makinoi

丸い葉の万年草。茎が赤みを帯びる。黄金丸葉万年草は茎・葉ともに黄色で冬季に黄色みが増す。やや日陰向き。

103

セダム　　　　　　　　　　　　　　夏生育型
松の葉万年草 まつのはまんねんぐさ

ベンケイソウ科　自生地：日本
Sedum hakonense

昔から山野草として扱われていた。茶褐色の針のような葉を密につけて、群生株となる。写真のように可愛らしい黄花を咲かせる。夏の蒸れに注意。流通は最近増えてきた。

セダム　　　　　　　　　　　　　　夏生育型
モリムラ万年草 もりむらまんねんぐさ
モリムラ万年草・オーレウス

ベンケイソウ科　自生地：不明
Sedum japonicum f. morimurae

金平糖のような小型の万年草で、ライトグリーン。"オーレウス"（左下）は明るい黄色。緻密なカーペットを形成。

セダム　　　　　　　　　　　　　　冬生育型
ダシフィルム
姫星美人（ひめほしびじん）

ベンケイソウ科　自生地：ヨーロッパ中・南部
Sedum dasyphyllum

明るい青緑色の球のような葉をつける。枝分かれしてマット状に群落を形成。白花。寒さには強いが、蒸れに弱い。よく流通していて、割合入手しやすい品種。

セダム　　　　　　　　　　　　　　冬生育型
アルブム
白花万年草（しろばなまんねんぐさ）

ベンケイソウ科　自生地：ヨーロッパ南部、北アフリカ、西アジア　*Sedum album*

丸みを帯びた細かな葉をつけ、地被状に生える。葉のサイズや形、色合いなどさまざまなタイプがある。ドイツでは屋根の緑化に、古くから導入されていた。

Chapter 5 屋外OK、寒さに強い…たくましい多肉植物

セダム
レフレクサム
逆弁慶草(さかさべんけいそう)／アルプス万年草(あるぷすまんねんぐさ)

冬生育型

ベンケイソウ科　自生地：ヨーロッパ
Sedum reflexum

明るい青緑色の葉で、ほふく性、6〜8月黄花を開花させる。寒冷地では越冬できる強健種。ただし冬季は茎葉全体が赤茶けた色合いになり、異なった趣に。

セダム
ポトシナム

夏生育型

ベンケイソウ科　自生地：メキシコ
Sedum potosinum

薄緑色の葉を緻密につける。よく増えて、広くマット状に群落を形成する。乾燥気味にすると、葉が桃色に染まる。比較的丈夫で、流通量も多く、初心者にも向く。

セダム
六条万年草
ろくじょうまんねんぐさ

夏生育型

ベンケイソウ科　自生地：ヨーロッパ
Sedum sexangulare

非常に細かい葉が6個、規則的に密に連なり、小さなサボテンの茎のような姿となる。草丈5cmほどと背は低く、芝生状に群生する。黄色い花は、初夏に咲く。

アプテニア
花蔓草 はなつるくさ／花蔓草 斑入り
ベビーサンローズ

斑入り

夏生育型

ツルナ科　自生地：南アフリカ東部
Aptenia cordifolia

きれいなライトグリーンの薄く広い葉を持つ。立ち上がらず這うように伸びる。花色は赤。開花は5〜10月。斑入りも美しいデザイン。非常に強健。

105

カルポブロタス

莫邪菊 ばくやぎく

夏生育型

アイスプランツ

ハマミズナ科　自生地：南アフリカ
Carpobrotus chilensis

葉は指のように太く、花は菊のような形で大きい。初夏から可愛らしい花が長期間咲く。繁殖力が非常に強く、茎が長く伸びてほふくしてどんどん広がる。

デロスペルマ

麗晃 れいこう

冬生育型

耐寒松葉菊(たいかんまつばぎく)／花嵐山(はならんざん)

ハマミズナ科　自生地：南アフリカ
Delosperma cooperi

円筒形の葉を連ね、ほふくしてマット状に生育する。紫紅色の花を、4〜10月まで断続的に開花。−10℃以下にも耐えられる、超耐寒性。露地植えできるが、加湿を避けて。

ブルビネ

カウレッセンス

夏生育型

ススキノキ科　(←ユリ科)　自生地：南アフリカ
Bulbine caulescens

円筒形の細い葉が特徴的。一度植えると株立ちとなり、毎年よく開花する。比較的寒さに強く、生育旺盛で手もかからないため、緑地の植え込みに利用されることもある。

アロエ

星斑竜舌 ほしふりゅうぜつ

夏生育型

錦の里(にしきのさと)

ススキノキ科　(←ユリ科)　自生地：南アフリカ
Aloe davyiana

平べったい三角葉を展開する、大型のアロエ。茎が立たず、低く広がる。生長すると仔が出てきて、大群生となる。民家の軒下によく植えられている。非常に強健。

たくましい多肉植物②

寒さに負けない強健種

耐寒性抜群の11品種

多肉植物のふるさとの多くは南国。
よって、「寒さが苦手」というものが目立つなか、
一部には低温に耐える品種があります。
地植えには向かないので鉢植えで楽しんで。

Chapter 5 屋外OK、寒さに強い…たくましい多肉植物

オロスタキス 夏生育型
爪蓮華 つめれんげ／昭和 しょうわ
鷹の爪（たかのつめ）

ベンケイソウ科
自生地：日本・関東以西の本州、四国、九州。朝鮮半島、中国　*Orostachys japonica / Orostachys japonic* 'Showa'

ロゼットが仏像の台座「蓮華座」に似ており、かつ葉の先端が尖って爪のよう、というのが名前の由来。根元からは盛んに脇芽を出し、群落を形成。近縁の〝昭和〟は、明るい黄緑色。

オロスタキス 夏生育型
子持蓮華 こもちれんげ

ベンケイソウ科
自生地：日本、朝鮮半島、アジア北部
Orostachys boehmeri

薄い紫から桃色の小型のロゼットを形成。発育旺盛で、長めにランナーを伸ばし、大群生株となる。高温多湿が苦手なので、夏は注意。岩に着床させたり、ロックガーデンに植えるとよい。

センペルヴィヴム 冬生育型
紅薫花 こうくんか

ベンケイソウ科
園芸品種
Sempervivum tectorum 'Kokunka'

古くからよく販売されている園芸品種。葉先が赤く染まって美しい。葉が大きく、多数の仔を吹いて群生する。水はけのよいロックガーデンにも適する。比較的丈夫で育てやすい。

107

センペルヴィウム **冬生育型**
コモリー

ベンケイソウ科　自然交配種
Sempervivum x comollii

緻密に葉を重ね、花びらのような姿が愛らしい。産毛を有する葉の緑色と紫色のグラデーションが魅力。可愛らしい姿ながら、耐寒性抜群。株分けで増やそう。

センペルヴィウム **冬生育型**
ガゼル

ベンケイソウ科　園芸品種
Sempervivum arachnoideum 'Gazelle'

小型で細かな葉を密に重ねて、ロゼットを形成し、糸を巻く。よく仔を出して群生する。耐寒性に富むものの、夏の蒸れには弱いので、風通しを確保できる環境を。

センペルヴィウム **冬生育型**
紅牡丹 べにぼたん

ベンケイソウ科　自生地：ヨーロッパ・アルプス
Sempervivum 'Benibotan'

比較的大きな葉で、大輪の花のような印象。艶のある赤銅色が渋く、これが本種の最大の魅力。比較的丈夫で、初心者向き。流通量も多く、入手しやすい品種。

アクロドン **夏生育型**
争魚 そうぎょ

ハマミズナ科　自生地：南アフリカ
Acrodon bellidiflorus

3稜の鞘状の葉。続々と仔を出して、大群生となる。桃色の花も愛らしいが、残念ながら流通量は少なめ。暑さ・寒さに強く、大変丈夫。初心者向き。ただし生長はやや遅い。

108

Chapter 5 屋外OK、寒さに強い…たくましい多肉植物

ベルゲランタス
照波 てるなみ
夏生育型
三時草（さんじそう）

ハマミズナ科　自生地：南アフリカ
Bergeranthus multiceps

分頭してカーペット状に増える。先の尖った、三角錐の細い葉。春から初夏に開花。日中に黄金色の花を咲かせ、日が陰ると閉じるのが興味深い。暑さ・寒さに強い。

オロスタキス
玄海岩蓮華 げんかいいわれんげ
夏生育型

ベンケイソウ科　自生地：日本
Orostachys malacophylla var. iwarenge (Orostachys genkaiensis)

モンゴルなどに自生する"青の岩蓮華"の地域変種。野生は、北九州市と下関市のごく一部の海岸線の岩場にしか残っていないので、流通品を入手できたら大切に育てたい。

セダム
薄化粧 うすげしょう
夏生育型
パルメリ

ベンケイソウ科　自生地：メキシコ
Sedum palmeri

木立性。30cm程度の高さに伸び、分枝する。日当たりがよいと、葉の先から赤く紅葉する。霜を当てなければ、戸外で越冬可能なほど強健で、栽培はとても容易。

フェディムス
スプリウス
冬生育型
コーカサス麒麟草（こーかさすきりんそう）

ベンケイソウ科　自生地：コーカサスからアルメニア
Phedimus spurius

丸く赤っぽい葉。よく分枝してほふくするので、カーペット状になる。日陰では葉が緑色になる。桃色の花を咲かせる。挿し木で増やすとよい。流通量も多い。

109

たくましい多肉植物③

露地植えで大きく育てる

シンボルツリーにしたい11品種

私たちは、小さな鉢植えの多肉植物に見慣れていますが、地面に下ろし、長年成長を見守ればこんなにも大きくなる品種があります。10年、20年と付き合ってみませんか？

アガベ 　夏生育型
竜舌蘭（りゅうぜつらん）
青の竜舌蘭（あおのりゅうぜつらん）

キジカクシ科（←リュウゼツラン科）
自生地：メキシコ　*Agave americana*

斑入り種を"竜舌蘭"とし、基本種を"青の竜舌蘭"と称す。自分の庭に植えたい場合は、特殊樹を扱う造園会社に相談を。「センチュリーフラワー」の異名があり、50～60年たつと開花。

アロエ 　夏生育型
木立芦会（きだちろかい）
医者いらず（いしゃいらず）

ススキノキ科（←ユリ科）
自生地：アフリカ
Aloe arboresens

虎の尾状のオレンジ色の花が、冬季に咲く姿は見事。数本植えると、さらに迫力が。薬用にと、昔から民家の軒先に植えられてきた。露地栽培に向く。生育旺盛で手がかからず、大群生となる。

アロエ 　夏生育型
笹アロエ（ささあろえ）
細葉アロエ（ほそばあろえ）
笹百合錦（ささゆりにしき）

ススキノキ科（←ユリ科）
自生地：南アフリカ
Aloe ciliaris

名前のごとく、細い茎で株立ちになる姿は笹のよう。濃い緑色の細い葉。伸長とともに、下葉が枯れて立ち上がる。花はオレンジ色で春に咲く。大変丈夫で、しっかり生長すると数m級に。

Chapter 5 屋外OK、寒さに強い…たくましい多肉植物

ダシリリオン
鋸歯竜 (きょしりゅう)
夏生育型

キジカクシ科（←リュウゼツラン科）　自生地：メキシコ北部
Dasylirion glaucophyllum

吹き上げるような細い葉の縁には、硬い鋸歯がある。異国情緒あふれる形のよい中低木。鉢植えで流通するが、その量が非常に少なく、めったに見られない。

ディッキア
アルティシマ
夏生育型

アナナス科　自生地：ブラジル中部
Dyckia altissima

明るい緑色の葉は硬く、放射状に展開。生育とともに群生して、広がっていく。暑さ・寒さに大変強く、ロックガーデンに向く。ただし、流通量は少なめ。

セレウス
鬼面角 (きめんかく)
夏生育型

サボテン科　自生地：アルゼンチン北部
Cereus hildmannianus (=peruvianus)

大型の柱状で、よく枝を出し迫力がある。伊豆地方の民家によく見られるだけでなく、都内や関東近県の露地でも時々栽培されている。花は夜開性。戸外露地栽培に向く。

セレウス
岩石獅子 (がんせきじし)
岩石柱 (がんせきちゅう)
夏生育型

サボテン科　変種
Cereus hildmannianus f. monstruosus

鬼面角の石化変種。不整形にごつごつと発達した茎節が特徴。とても芸術的な姿。露地植えで大きく育つ。鉢植えでも時々流通するが、めったにお目にかかれない。

111

オプンチア
宝剣 ほうけん　千本剣(せんぼんけん)／長団扇(ながうちわ)／細槍団扇(ほそやりうちわ)／イチジク団扇(いちじくうちわ)
夏生育型

サボテン科　自生地：アメリカ、西インド諸島など
Opuntia lanceolata

肉厚の整った楕円形の茎節を高く連ね、樹木状に育てる。関東以西の暖地では、しばしば植栽されている。食用にも向くとされ、「食べられるサボテン」としても有名。

オプンチア
大丸盆 おおまるぼん
夏生育型

サボテン科　自生地：メキシコ
Opuntia robusta

葉が最大の魅力の大型サボテン。径25cm以上、厚みのある正円に近い大きな葉。この葉を団扇状の葉を連ねて生長していく。戸外の方がよく育つため、暖地の露地植えを見かける。

オプンチア
単刺団扇 たんしうちわ
夏生育型

サボテン科　自生地：南米(ブラジル、ウルグアイ、アルゼンチン)
Opuntia monacantha

明るい薄い茎節。ひとつひとつの刺座に、1本の長い刺と細かい刺の束をつける。花は淡い黄色。古い株になると樹木状に立ち上がる。比較的耐寒性に富む。

オプンチア
エリシアナ
夏生育型

サボテン科　自生地：南米(ブラジル、ウルグアイ、アルゼンチン)
Opuntia ellisiana

大きな薄手の団扇サボテン。立ち上がっては倒れ、広く群落を形成していく。生長が早く、どんどん茎節が出てくる。耐寒性があるので、露地植えでよく育つ。

Chapter 6

これだけ知っておけば大丈夫!
多肉植物を育てるための基礎講座

比較的簡単に育てられると言われている多肉植物ですが、実は枯らしてしまった経験を持つ人が多数だとか。それもそのはず。多肉植物を育てるのにはちょっとした「コツ」が必要なのです。大丈夫、決して難しくはありません。多肉植物の「個性」を理解して上手に、しっかり育てましょう!

育てるための基礎講座①

多肉植物の栽培、独特のポイントは
生育期と休眠期のメリハリ

多肉植物は日本原産のものは稀で遠くアフリカ、南米などの生まれの種がほとんどです。栽培するときは、もともと育っていた場所（自生地）の環境にできるだけ近づけてあげること。ですから、「生育期と休眠期」での管理方法の違いが重要になるのです。

まず生育期の違いを知ろう

多肉植物は、その生育期によって2種類に分けられます。主に温暖な時期に育つ「夏生育型」と、冷涼な時期に育つ「冬生育型」です。この二つの違いをよく理解しましょう。そして生育期に対して、生育が停止する「休眠期」があります。この期間、しっかり休ませることが肝心です。生育期と同じ手入れを続けていると、株は徐々に弱ってきます。人の1日の過ごし方と同じく、休むことを疎かにしてはいけないのです。

{ 多肉植物 生育期別の育て方 }

	温暖な季節に生育 夏生育型	冷涼な季節に生育 冬生育型
生育する時期	4〜9月、酷暑期を除く※1	9〜翌4月、酷寒期を除く※1
どの種類が？	多くの種類が属する	主に南アフリカや高山を自生地とする種類
花の咲く時期	早春〜初夏	秋
植え替え適期	3月中旬〜4月	9月頃
葉挿し・挿し木・株分けの適期	4〜6月、9〜10月	9〜10月
休眠する時期	11月〜翌3月	5〜8月
温度管理の目安	7℃以下にならないよう	30℃以上になる場合は日陰に移動
環境整備	温室やフレーム※2、室内に収容。厳寒期には、さらにビニールをかける	夏の直射日光を避ける寒冷紗の使用、日陰に移動、通風を確保
特に注意！	フレームを利用するときは、温度の急上昇を避けるため、換気を忘れずに	夏は気温だけでなく照り返しや蒸れに注意！

※1 この時期は半休眠　※2 簡易温室

生育期は適度な水やり&日光浴を

　生育型は違っても、生育期の管理方法は同じです。生育期は、その種の自生地では雨季に当たります。つまり水を欲しがるシーズンなのですから、水は鉢の土が乾いたら、タップリと与えましょう。また、日にもしっかり当てることが大切です。室内で栽培する場合は、明るい窓辺に移動し、時には外に出すなど手をかけて。

休眠期は水をやらない

　休眠期は、その種にとって苦手な季節。自生地では乾季ですから、水分補給がなくなって休眠状態となるのです。

　よって、水やりはストップ。しかし、日光にはちゃんと当てて、多肉植物にとって過酷な環境に耐えられる力を備えさせます。

　なお、昨今の温暖化・熱帯夜の増大によって、冬生育型の種を、夏に休眠させることが大変になってきました。夏の高温による「蒸れ」には、特に気を配りたいものです。

コレは×! ワースト6

　多肉植物は、決して栽培が困難な植物ではありません。どちらかというと、容易な方です。しかし、以下のような「イジメ」は避けてください。

暗い室内に置きっぱなし

　「植物」なのですから、日光に当たらないと、どんどん弱っていきます。暗い部屋に置く場合は、時々ちゃんと日光浴をさせましょう。

酷暑期の蒸れ

　夏生育型の種であっても、真夏の「蒸れ」には注意しましょう。蒸れは「湿気」、つまり水ですから、水やりと同様「常に」はNG。鉢の下に隙間をつくる、風の通り道に移動させるなどして、防御策を講じるのをお忘れなく。

酷寒期の凍結

　外でも育てられる種類（p.110〜）を除き、原則、氷点下での栽培は難しいと考えましょう。ただ、温暖化の影響で、日本の冬はどんどん暖かくなっていますので、凍結の心配は年々減っている印象ですが、用心は怠らずに。

水責め

　多肉植物は、体がそのものが貯水タンク。また、体内の水分を放出する気孔の数が、他の植物より少ないのも特徴。アサガオが1㎟当たり約100個に比べ、ある多肉植物では約1個だそう。加えて、乾燥する日中に気孔を閉じるのも特筆すべき点です。

　こんな植物に、水の与えすぎは厳禁。乾かし気味に管理し、土がすっかり乾いたら水やり、このサイクルで充分です。また、雨ざらしにも注意。鉢物を屋外で育てるときには、軒下などに移動させてください。

エアコン直撃

　多肉植物にとって、夏の冷房は寒すぎ、冬の暖房は暑すぎます。できるだけ、空調の影響を受けない場所を選びましょう。

生育期と休眠期を無視

　もともと育っていた環境の再現は、栽培の基本です。枯らさない最大のコツでもあります。

育てるための基礎講座②

多肉植物が喜ぶ栽培テクニック
植え替え・施肥・増やし方

基本的な栽培方法に加えて、さらにマスターしておきたい栽培ポイントをご紹介。
もっと元気に、もっと大きく、もっと増やして！
いずれも、難しい技法ではありません。多肉植物の大きさにもよりますが、
ほんの15分もあれば、作業は完了します。

年に1度は植え替えを！

多肉植物の土は、まさに「生活の基盤」。養分を取り込み、いらなくなった物質を根から排出しています。つまり長期間、土の入れ替え＝植え替えをしないと、やがて栄養不足で枯れてしまうかもしれないのです。

ですからぜひ、年に1度の植え替えを習慣にしてください。生育期に入る直前が好機。夏生育型は3月中旬〜4月、冬生育型は9月頃です。

{ 植え替えの方法 }

1 鉢をトントンと叩いて、多肉植物を抜く。刺のあるものを扱うときは、丈夫な手袋をはめましょう。

2 古い土を落とし、根を半分程度に切り詰める。細かい根も整理。

3 雨や日が当たらない、風通しのよい場所を選び、3〜4日放置。完全に乾燥させて、切り口からの雑菌感染を予防すること。

4 新しい多肉植物用の土に、浅めに植えつける。この1年で大きく育った株は、鉢もサイズアップを。

肥料は「液肥を少々」で充分

多肉植物は、他の植物よりもゆっくり生長します。肥料をぐんぐん吸収できる強健な根ではないので、与えすぎは百害あって一利無しです。

液肥を従来の2〜3倍に薄めて用いるのが最適です。肥料の心配より、年に1度、充分な栄養を含んだ土に植え替えることの方が大切です。

どんどん増やそう

根の発生が容易な温暖な季節。お気に入りの多肉植物を増やしましょう！

葉挿し

株から葉を外して、用土（川砂、赤玉土、バーミキュライトなど）の上に載せるだけ。しばらくはそのままで、3〜4日おきに霧吹きで水分補給をしましょう。数週間後には、根や新芽が発生しますから、新しい鉢に植え付けてください。

葉から根や新芽が出る様子。強い生命力を感じる。

株分け

根元に仔株ができる種類はこの方法で。鉢を抜き、土を落としたら、根を半分にカット。仔株を取り分けます。傷んでいる根を整理したら、3〜4日乾燥。その後、植え付けます。

仔株がモコモコ出現、鉢いっぱいに広がり、株分けを待つ"祝宴"（p.37）。

挿し木

枝を伸ばすもの、本体から直接仔株を発生させるサボテンなどに。まず伸びた枝や、仔株をカット。数日おいて、切り口を完全に乾燥させたら用土に挿します。挿し木直後は水やりを控えて。

盆栽のように枝を伸ばす"小松緑"（p.64）。伸ばしたい枝を残して、あとはカットして挿し木に。

Chapter 6　これだけ知っておけば大丈夫！ 多肉植物を育てるための基礎講座

｛ 多肉植物の手入れ用品一覧 ｝

手袋 刺が刺さらない革製が安心

専用土 ブレンドしなくていいので手軽

ジョウロ 水やりの必須アイテム

移植ゴテ 植え替えのときに

鉢 素材や色を統一するとおしゃれ

竹ひご 鉢植えに挿して、鉢中の湿潤を観察

ピンセット 植え替えや寄せ植えのときに便利

受け皿 室内栽培で水受けに

霧吹き エアープランツの給水などに

育てるための基礎講座③

知っておきたい基本の言葉
多肉植物・用語解説

多肉植物の情報を本で調べたり、ネットで検索したりする際、最低限知っておきたい用語をまとめました。

種類に関する言葉

園芸品種（えんげいひんしゅ）
人為的交配や選抜などを行ってつくった植物。「栽培品種」も同意。

学名（がくめい）
世界共通の名前で、「属名」+「種小名」+「命名者名」の順に記す。属名・種小名は、ラテン語のイタリック体（斜体）で表記する。

基本種（きほんしゅ）
その種の中で、基本になる種。「母種」とも。

交配種（こうはいしゅ）
2種を交配させて生まれた新しい品種のこと。よって、「自生地」はない。

ジャングルサボテン
森林性サボテンのこと。森林の樹木や岩場に張りついて生育する。

属（ぞく）
生物分類上の単位のひとつで、「種」の上となる分類。一般に、同じ属のものは、性質や栽培方法が似ている。

属間交配種（ぞくかんこうはいしゅ）
異なる属の植物で行う交配によって生まれた品種。

セダム属とエケベリア属の属間交配種 "樹氷"（p.64）

変種（へんしゅ）
同一種ではあるが、形質が基本種と異なる部分があるもの。

生態・性質

木立性（きだちせい）
樹木のように、茎が直立する性質。

仔吹き（こふき）
仔株がつくこと。仔株は切り離し、植えるとよい。

不定芽（ふていが）
たいていの植物の芽は、茎の先端や、葉脇から出るが、葉や節間などから出てくる芽のこと。

"クローンコエ"（p.26）

石化（せっか／いしか）

生長点（茎の先端にある、細胞分裂が行われる部分）が、いたるところからできている状態。「モンスト化」とも。

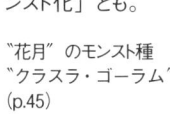

"花月"のモンスト種 "クラスラ・ゴーラム" (p.45)

綴化（てっか／せっか）

生長点の異常によって、生長点が帯状につながって生長した状態。「帯化（たいか）」とも。

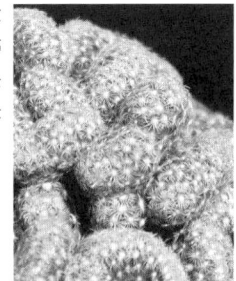

"金手毬綴化" (p.50)

分頭（ぶんとう）

親株の脇に仔が生じるのではなく、生長点付近に複数の新芽が出て枝分かれすること。

形・模様

鋸歯（きょし）

植物の葉や花びらの周囲が、鋸（のこぎり）の歯のようにギザギザになっているもの。

互生（ごせい）

葉が互い違いにつくこと。左右対称の場合は「対生（たいせい）」。

倒卵形（とうらんけい）

上が太く、下が細い、卵をさかさまにしたような形。

覆輪(斑)（ふくりん〈ふ〉）

葉の周囲が斑入りになっているもの。

ロゼット状（ろぜっとじょう）

葉がバラの花びらのように放射状、もしくは、らせん状となっている状態。もともと「バラの花」に由来する言葉。

"大和錦" (p.12)

部位

塊根（かいこん）

サツマイモなどのように、養分を蓄えて太り、塊状になった根。「コーデックス」とも。

"亀甲竜" (p.91)

刺座（しざ）

サボテンの刺が発生している場所にある、綿毛状の部位。一般の多肉植物でも刺を生やすものがあるが、これの有無でサボテン科であるかどうかが判断できる。「アレオーレ」とも。

"海王丸" (p.69)

ノギ

刺状の突起のこと。漢字では「芒」と書いて、「ぼう」とも読む。

"パラドクサ" (p.36)

Chapter 6 これだけ知っておけば大丈夫！多肉植物を育てるための基礎講座

「多肉植物の名前」400がよくわかる図鑑
索引

属名

アイクリソン
ベテンコウルチアナム······60

アイロステラ
ムスクラ······66

アウストロキリンドロプンチア
姫将軍······66

アエオニウム
黒法師······24
ドドランターレ······15
夕映え······41
レモネード······13

アガベ
青の竜舌蘭······110
吉祥冠錦······18
五色万代······18
ジェミニフローラ······55
ショッティー······48
姫吹上······48
竜舌蘭······110

アクロドン
争魚······108

アストロフィツム
兜······57
三角鸞鳳玉······57
四角鸞鳳玉······57
スーパー兜······57
碧瑠璃鸞鳳玉······57
鸞鳳玉······57
瑠璃兜······57

アズレオセレウス
アズレウス······66

アダンソニア
バオバブ······90

アデニア
グラウカ······86

アドロミスクス
御所錦······32
天章······44

アナカンプセロス
トメントーサ······65

アプテニア
花蔓草／花蔓草 斑入り······105

アボニア
パピラケア······53

アポロカクタス
金紐······77

アルアウディア
プロセラ······22

アルギロデルマ
パテンス······38

アルブカ
スピラリス······49
フミリス······85

アロエ
木立芦会······110
笹アロエ······110
スーパースノーホワイト······33
千代田錦······33
ディコトマ······50
ディスコイングシー······58
ディンティティ······58
ハオルチオイデス······65
翡翠殿······58
プロストラータ······50
星斑竜舌······106
ラウイー······33

ヴィラディア
グリーンペット······28

ウンビリクス
エレクトゥス······47

エキノカクタス
金鯱······54

エキノプシス
王冠短毛······57
金盛丸······67
短毛丸······81

エケベリア
青い渚······46
アガボイデス······14
ゴールデングロー······15
七福神······13
すみれ牡丹······13
パールフォンニュルンベルグ······26
花筏······27
花の司······88
ビロード茜······14
プリドニス······12
紅稚児······59
紅司······30
ボンビシナ······11
丸葉紅司······30
ミラ······15
女雛······13
森の妖精······62
大和錦······12
養老······14
ルンヨニー・トップシータービー······15

エピテランサ
小人の帽子······67

エピフィルム
アングリゲル······54
クジャクサボテン······81
月下美人······81

エリオカクタス
英冠丸······68
金晃丸······68

オトンナ
カペンシス······77

オフタルモフィルム
秀鈴玉······35

オプンチア
赤烏帽子······48
エリシアナ······112
大丸盆······112
金烏帽子······48
白烏帽子······48
墨烏帽子······55
青海波······55

120

Chapter 6 これだけ知っておけば大丈夫！ 多肉植物を育てるための基礎講座

単刺団扇 ･････････ 112
姫団扇 ･････････ 53
宝剣 ･････････ 112

オルトフィタム
グルケニー ･････････ 34

オロスタキス
玄海岩蓮華 ･････････ 109
子持蓮華 ･････････ 107
昭和 ･････････ 107
爪蓮華 ･････････ 107
富士 ･････････ 17

ガステリア
臥牛 ･････････ 56
子宝錦 ･････････ 19

カマエケレウス
白檀 ･････････ 80

カラルマ
スペシオーサ ･････････ 21

カランコエ
エンゼルランプ ･････････ 79
錦蝶 ･････････ 63
クローンコエ ･････････ 26
朱蓮 ･････････ 41
仙女の舞 ･････････ 88
月兎耳 ･････････ 88
唐印 ･････････ 47
花ものカランコエ ･････････ 79
ファング ･････････ 89
不死鳥 ･････････ 26
フミリス ･････････ 32

カリバヌス
フーケリー ･････････ 86

カルポブロタス
莫邪菊 ･････････ 106

ギムノカクタス
白鯱 ･････････ 69

ギムノカリキウム
海王丸 ･････････ 69
緋花玉 ･････････ 69
緋牡丹 ･････････ 19
ペンタカンサ ･････････ 70

クセロシキオス
緑の太鼓 ･････････ 47

グラプトベリア
白牡丹 ･････････ 14

クラスラ
アイボリーパゴダ ･････････ 56
茜の塔 ･････････ 49
赤花呂千絵 ･････････ 46
エルネスティ ･････････ 61
黄金花月 ･････････ 16
花月錦 ･････････ 16
キムナッチー ･････････ 44
銀揃 ･････････ 62
ゴーラム ･････････ 45
桜花月 ･････････ 79
サルメントーサ ･････････ 17
神童 ･････････ 46
神刀 ･････････ 44
青鎖竜綴化 ･････････ 45
デービッド ･････････ 62
テトラゴナ ･････････ 45
天狗の舞 ･････････ 61
火祭 ･････････ 41
姫花月 ･････････ 42
姫緑 ･････････ 59
フォービット ･････････ 45
ブルーバード ･････････ 24
ブロウメアナ ･････････ 61
ペルシダ・マルギナリス・
　リトルミッシー ･････････ 78
舞乙女 ･････････ 45
南十字星 ･････････ 16
紅葉祭り ･････････ 24
ロゲルシー ･････････ 11
若緑 ･････････ 59

グラプトセダム
ブロンズ姫 ･････････ 25

グラプトペタルム
朧月 ･････････ 102
バイネシー ･････････ 25

クリプタンサス
ジェイド ･････････ 30
ゾナタス ･････････ 34
ビッタータス・ノビスター ･････････ 30
ビッタータス・レッドスター ･････････ 30

クレイストカクタス
白閃柱 ･････････ 54

ゲオヒントニア
メキシカナ ･････････ 71

コチレドン
折鶴 ･････････ 10
熊童子 ･････････ 10
福娘 ･････････ 10

コノフィツム
安珍 ･････････ 38
清姫 ･････････ 39
口笛 ･････････ 38
群碧玉 ･････････ 39
桜貝 ･････････ 39
ペアルソニー ･････････ 40
レイポルデー ･････････ 39

コレウス
アンボイニクス ･････････ 84
アンボイニクス 斑入り ･････････ 84

ザミア
フロリダーナ ･････････ 53

サンセベリア
サムライドワーフ ･････････ 49
ピングイクラ ･････････ 46
ボンセレンシス ･････････ 49

シニンギア
断崖の女王 ･････････ 89

シノクラッスラ
四馬路 ･････････ 28

シュルンベルゲラ
シャコバサボテン ･････････ 83

ストマチウム
浮舟玉 ･････････ 85

ストロンボカクタス
菊水 ･････････ 74

セダム
アラントイデス ･････････ 8
アルブム ･････････ 104
ウィクレリー ･････････ 65
薄化粧 ･････････ 109
黄金丸葉万年草 ･････････ 103
黄麗 ･････････ 25
オーロラ ･････････ 42
乙女心 ･････････ 8
粉雪 ･････････ 64
小松緑 ･････････ 64
白雪ミセバヤ ･････････ 31
タイトゴメ ･････････ 103
ダシフィルム ･････････ 104
玉つづり ･････････ 76
玉葉 ･････････ 42
ツル万年草 ･････････ 103
ツル万年草変種イイジマ ･････････ 103
トレレアセイ ･････････ 9
虹の玉 ･････････ 42

121

春萌	‥‥‥‥‥‥	28
ビアホップ	‥‥‥‥‥	9
ヒスパニクム	‥‥‥‥	59
姫笹	‥‥‥‥‥‥‥	17
ポトシナム	‥‥‥‥‥	105
松の葉万年草	‥‥‥‥	104
松の緑	‥‥‥‥‥‥	65
丸葉万年草	‥‥‥‥	103
緑亀の卵	‥‥‥‥‥	11
銘月	‥‥‥‥‥‥‥	27
メキシコ万年草	‥‥‥	102
モリムラ万年草／モリムラ万年草・		
オーレウス	‥‥‥‥‥	104
リトルジェム	‥‥‥‥	8
レフレクサム	‥‥‥‥	105
六条万年草	‥‥‥‥	105

セデベリア
樹氷	‥‥‥‥‥‥‥	64
ファンファーレ	‥‥‥‥	12

セネキオ
銀月	‥‥‥‥‥‥‥	29
七宝樹	‥‥‥‥‥‥	51
紫蛮刀	‥‥‥‥‥‥	29
鉄錫杖	‥‥‥‥‥‥	51
白寿楽	‥‥‥‥‥‥	9
マサイの矢尻	‥‥‥‥	31
三日月ネックレス	‥‥‥	76
美空鉾	‥‥‥‥‥‥	29
緑の鈴	‥‥‥‥‥‥	76
緑の鈴 斑入り	‥‥‥‥	76

セレウス
岩石獅子	‥‥‥‥‥	111
鬼面角	‥‥‥‥‥‥	111
金獅子	‥‥‥‥‥‥	53
姫ヤマカル柱	‥‥‥‥	67
ヤマカル柱	‥‥‥‥	57

セロペギア
スタペリフォルミス	‥‥	51
ハートカズラ	‥‥‥‥	77

センペルヴィヴム
ガゼル	‥‥‥‥‥‥	108
グリーングローブ	‥‥‥	27
紅薫花	‥‥‥‥‥‥	107
コモリー	‥‥‥‥‥	108
パープルライト	‥‥‥	31
紅牡丹	‥‥‥‥‥‥	108
百恵	‥‥‥‥‥‥‥	47

ダシリリオン
鋸歯竜	‥‥‥‥‥‥	111

ダドレア
グリニー	‥‥‥‥‥	27
ブリトニー	‥‥‥‥	25

ツルビニカルプス
昇竜丸	‥‥‥‥‥‥	74

ディオスコレア
亀甲竜	‥‥‥‥‥‥	91

ディッキア
アルティシマ	‥‥‥‥	111
ピカンテ	‥‥‥‥‥	52
ブレビフォリア	‥‥‥	51
マルニエラポストレイ	‥	30

ティランジア
アエラントス	‥‥‥‥	96
アラウジェイ	‥‥‥‥	93
イオナンタ	‥‥‥‥	96
ヴェリッキアーナ	‥‥	99
ウスネオイデス	‥‥‥	99
カピタータ	‥‥‥‥	93
カブトメドゥーサエ	‥	94
ガルドネリー	‥‥‥‥	95
キセログラフィカ	‥‥	99
コルビィ	‥‥‥‥‥	94
ジュンシフォリア	‥‥	92
ストリクタ	‥‥‥‥	98
ストレプトフィラ	‥‥	98
セレリアナ	‥‥‥‥	97
テクトルム	‥‥‥‥	98
テヌイフォリア	‥‥‥	98
ドゥラティー	‥‥‥‥	94
トリコロール	‥‥‥‥	99
ハリシー	‥‥‥‥‥	95
パレアセア	‥‥‥‥	97
ファシキュラータ	‥‥	94
プセウドベイレイ	‥‥	97
フックシー・フックシー／		
フックシー・グラキリス	‥	95
ブッツィ	‥‥‥‥‥	93
ブラキカウロス・セレクタ	‥	93
ブリオイデス	‥‥‥‥	92
プルイノーサ	‥‥‥‥	97
ブルボーサ	‥‥‥‥	92
フレクスオーサ	‥‥‥	96
フンキアナ	‥‥‥‥	95
マグヌシアーナ	‥‥‥	96
ミニアータ	‥‥‥‥	96

デウテロコニア
クロランタ	‥‥‥‥	60

テフロカクタス
松笠団扇	‥‥‥‥‥	73
武蔵野	‥‥‥‥‥‥	73

デロスペルマ
ヌビゲナ	‥‥‥‥‥	42
麗晃	‥‥‥‥‥‥‥	106

トラデスカンチャ
白雪姫	‥‥‥‥‥‥	89
紫御殿	‥‥‥‥‥‥	28

ネオポルテリア
白翁玉	‥‥‥‥‥‥	82

ネオレゲリア
ゾエ	‥‥‥‥‥‥‥	29
ファイヤーボール	‥‥‥	31
ポポキ	‥‥‥‥‥‥	32

ハオルチア
アスペルラ	‥‥‥‥	36
ウンブラティコーラ	‥‥	60
クーペリー	‥‥‥‥	36
クーペリー・ピリフェラ	‥	36
寿	‥‥‥‥‥‥‥‥	37
コレクタ	‥‥‥‥‥	35
十二の巻	‥‥‥‥‥	34
祝宴	‥‥‥‥‥‥‥	37
寿宝殿	‥‥‥‥‥‥	37
宝草錦	‥‥‥‥‥‥	19
テネラ	‥‥‥‥‥‥	63
ニグラ	‥‥‥‥‥‥	61
パークシアナ	‥‥‥‥	62
羽衣	‥‥‥‥‥‥‥	55
パラドクサ	‥‥‥‥	36
万象	‥‥‥‥‥‥‥	35
ベヌスタ	‥‥‥‥‥	36
幻の塔	‥‥‥‥‥‥	18
マンテリー	‥‥‥‥	37
竜鱗／竜鱗コンパクトタイプ	‥	34
ルテオローサ	‥‥‥‥	59
ワイドバンド	‥‥‥‥	34

パキケレウス
武輪柱	‥‥‥‥‥‥	72

パキフィツム
千代田の松	‥‥‥‥	11

パキベリア
紫麗殿	‥‥‥‥‥‥	9
見返り美人	‥‥‥‥	10

パキポディウム
恵比寿笑い	‥‥‥‥	91
シバの女王の玉櫛	‥‥‥	87

ラメリィ · · · · · · · · · · · · · · · · · · 22	**ブロスフェルディア**	紅彩閣 · · · · · · · · · · · · · · · · · · 21
ハチオラ	松露玉 · · · · · · · · · · · · · · · · · · 74	彩雲閣 · · · · · · · · · · · · · · · · · · 20
猿恋葦 · · · · · · · · · · · · · · · · · · 77	**ペレスキア**	笹蟹丸 · · · · · · · · · · · · · · · · · · 20
パロディア（ノトカクタス）	杢麒麟 · · · · · · · · · · · · · · · · · · 90	蘇鉄麒麟 · · · · · · · · · · · · · · · · 21
獅子王丸 · · · · · · · · · · · · · · · · 73	**ペペロミア**	大正麒麟 · · · · · · · · · · · · · · · · 22
すみれ丸 · · · · · · · · · · · · · · · · 83	アスペルラ · · · · · · · · · · · · · · · 37	稚児麒麟 · · · · · · · · · · · · · · · · 21
青王丸 · · · · · · · · · · · · · · · · · · 82	グラベオレンス · · · · · · · · · · · 26	瑠璃晃 · · · · · · · · · · · · · · · · · · 50
白閃小町 · · · · · · · · · · · · · · · · 73	コルメラ · · · · · · · · · · · · · · · · · 60	**ランプランタス**
紅小町 · · · · · · · · · · · · · · · · · · 73	**ベルゲランタス**	バリアビリス · · · · · · · · · · · · 102
ヘルテリ · · · · · · · · · · · · · · · · · 82	照波 · · · · · · · · · · · · · · · · · · · 109	松葉菊 · · · · · · · · · · · · · · · · · · 80
ビルベルギア	**ペレキフォラ**	**リトープス**
ホリダ · · · · · · · · · · · · · · · · · · 52	銀牡丹 · · · · · · · · · · · · · · · · · · 73	紫勲 · 40
ヒロテレフィウム	**ボウィエア**	日輪玉 · · · · · · · · · · · · · · · · · · 40
大弁慶草 · · · · · · · · · · · · · · · · 80	蒼角殿 · · · · · · · · · · · · · · · · · · 91	**リプサリス**
斑入ミセバヤ · · · · · · · · · · · · 17	**ポーチュラカリア**	青柳 · 74
フィカス	雅楽の舞 · · · · · · · · · · · · · · · · 18	東天紅 · · · · · · · · · · · · · · · · · · 78
アブチリフォリア · · · · · · · · 87	モロキエンシス · · · · · · · · · · · 87	ピロカルパ · · · · · · · · · · · · · · · 78
フィランタス	**ホヘンベルギア**	松風 · 78
ミラビリス · · · · · · · · · · · · · · · 91	レオポルドホルスティ · · · · · 52	**リプサリドプシス**
フーディア	**ホヤ**	イースターカクタス · · · · · · · 83
ゴルドニー · · · · · · · · · · · · · · · 20	カーリー · · · · · · · · · · · · · · · · · 48	**レウコテンベルギア**
フェディムス	**マミラリア**	光山 · 90
麒麟草 · · · · · · · · · · · · · · · · · · 80	カルメナエ · · · · · · · · · · · · · · · 71	**レデボウリア**
スプリウス · · · · · · · · · · · · · · 109	銀鯱 · 67	ソキアリス／ソキアリス 斑入り · · · 33
竹島麒麟草 · · · · · · · · · · · · · 103	金手毬 · · · · · · · · · · · · · · · · · · 71	マクラータ · · · · · · · · · · · · · · · 33
フェルニア	銀手毬 · · · · · · · · · · · · · · · · · · 70	**レプティア**
阿修羅 · · · · · · · · · · · · · · · · · · 52	金手毬綴化 · · · · · · · · · · · · · · 50	黄花研宝丸 · · · · · · · · · · · · · · 72
フォッケア	金洋丸 · · · · · · · · · · · · · · · · · · 72	研宝丸 · · · · · · · · · · · · · · · · · · 72
エデュリス · · · · · · · · · · · · · · · 87	白星 · 89	**ロードカクタス**
フライレア	玉翁 · 81	桜麒麟 · · · · · · · · · · · · · · · · · · 83
狸の子 · · · · · · · · · · · · · · · · · · 68	テレサエ · · · · · · · · · · · · · · · · · 69	**ロスラリア**
豹の子 · · · · · · · · · · · · · · · · · · 68	ボンビシナ · · · · · · · · · · · · · · · 82	プラティフィラ · · · · · · · · · · · 63
ブルセラ	松霞 · 70	**ロフォフォラ**
ファガロイデス · · · · · · · · · · · 86	明星 · 70	烏羽玉 · · · · · · · · · · · · · · · · · · 54
ブルビネ	夕霧 · 71	仔吹烏羽玉 · · · · · · · · · · · · · · 54
カウレッセンス · · · · · · · · · · 106	**マミロプシス**	**五十音順**
プレイオスピロス	月宮殿 · · · · · · · · · · · · · · · · · · 72	**ア**
帝玉 · 40	**モナデニウム**	アイスプランツ · · · · · · · · · · 106
プレクトランサス	リチェイ · · · · · · · · · · · · · · · · · 64	アイボリーパゴダ · · · · · · · · · 56
アロマティカス · · · · · · · · · · · 84	**モナンテス**	アインシュタイン · · · · · · · · · 50
エルンスティ · · · · · · · · · · · · · 84	ブラキカウロス · · · · · · · · · · · 63	アエラントス · · · · · · · · · · · · · 96
サルコステムモイデス · · · · · 85	**ユーフォルビア**	アエルギノーサ · · · · · · · · · · · 22
ペンテリー · · · · · · · · · · · · · · · 85	アエルギノーサ · · · · · · · · · · · 22	青い渚 · · · · · · · · · · · · · · · · · · 46
	オベサ · · · · · · · · · · · · · · · · · · 56	青の竜舌蘭 · · · · · · · · · · · · · · 110
		青柳 · 74

Chapter 6 これだけ知っておけば大丈夫！ 多肉植物を育てるための基礎講座

123

赤烏帽子	48
茜の塔	49
赤花呂千絵	46
アガボイデス	14
朝の霜	78
阿修羅	52
アスペルラ	36・37
アズレウス	66
アフリカ亀甲竜	91
アブチリフォリア	87
アラウジェイ	93
アラントイデス	8
アリス・エバンス	28
亜竜木	22
アルティシマ	111
アルブカ・ナンジャコレ	49
アルプス万年草	105
アルブム	104
アロマティカス	84
アンボイニクス	84
アンボイニクス 斑入り	84
アングリゲル	54
安珍	38

イ

イースターカクタス	83
イオナンタ	96
医者いらず	110
イチジク団扇	112

ウ

ウィクレリー	65
ヴェリッキアーナ	99
浮舟玉	85
うさぎのかくれんぼ	9
薄雲	51
薄化粧	109
ウスネオイデス	99
薄雪万年草	59
宇宙の木	45
海胆麒麟	22
烏羽玉	54
ウンブラティコーラ	60

エ

英冠丸	68
永楽	44
エデュリス	87
恵比寿笑い	91
エリシアナ	112
エルネスティ	61
エルンスティ	84
エレクトゥス	47
エンゼルランプ	79

オ

王冠短毛	57
黄金烏帽子	48
黄金新月	77
黄金花月	16
黄金丸葉万年草	103
黄麗	25
オーキッドカクタス	81
オーストラーレ	64
大弁慶草	80
大丸盆	112
オーロラ	42
乙女心	8
オベサ	56
朧月	102
折鶴	10

カ

カーリー	48
海王丸	69
カウレッセンス	106
雅楽の舞	18
臥牛	56
花月	16
花月錦	16
火星人	87
ガゼル	108
カピタータ	93
蛾眉鉄甲	21
兜	57
カプトメドゥーサエ	94
カペンシス	77
ガルドネリー	95
カルメナエ	71
岩石獅子	111
岩石柱	111

キ

菊襲	36
菊水	74
キセログラフィカ	99
木立芦会	110
亀甲竜	91
吉祥冠錦	18
絹紫	89
黄花研宝丸	72
キムナッチー	44
鬼面角	111
キューバンオレガノ	84
恐竜角	66
鋸歯竜	111
清姫	39
麒麟草	80

金烏帽子	48
銀月	29
金晃丸	68
金獅子	53
金鯱	54
銀鯱	67
金盛丸	67
銀揃	62
金手毬	71
銀手毬	70
金手毬綴化	50
金紐	77
銀牡丹	73
金洋丸	72

ク

クーペリー	36
クーペリー・ピリフェラ	36
クジャクサボテン	81
グスト	62
口笛	38
熊童子	10
クライミングオニオン	91
グラウカ	86
グラパラリーフ	102
グラベオレンス	26
グリーングローブ	27
グリーンドラム	47
グリーンネックレス	76
グリーンペット	28
グリーンボール	21
クリスマス・カクタス	83
グリニー	27
グルケニー	34
クローンコエ	26
黒鮫	61
黒法師	24
クロランタ	60
群碧玉	39

ケ

月下美人	81
月宮殿	72
玄海岩蓮華	109
弦月	76
幻蝶かずら	86
研宝丸	72

コ

紅薫花	107
晃山	90
光山	90
紅彩閣	21
黄金司	71

コーカサス麒麟草	109	シバの女王の玉櫛	87	青海波	55
皇璽錦	50	紫蛮刀	29	青鎖竜綴化	45
ゴーラム	45	縞剣山	51	雪麗山	66
ゴールデングロー	15	芍薬丸	83	セトクレアセア	28
ゴールデンバニー	48	シャコバサボテン	83	セレリアナ	97
五色万代	18	シャムサクララン	48	仙女の舞	88
五重塔白斑	18	十二の巻	34	仙女盃	25
御所錦	32	秀鈴玉	35	仙鳳丸	66
子宝草	26	祝宴	37	千本剣	112
子宝錦	19	数珠姫	45	**ソ**	
ゴッドファーザー	44	樹氷	64	蒼角殿	91
寿	37	寿宝殿	37	争魚	108
粉雪	64	朱蓮	41	象牙団扇	48
小人の帽子	67	ジュンシフォリア	92	総理丸	71
仔吹烏羽玉	54	松毬玉	73	ゾエ	29
小松緑	64	昇竜丸	74	ソキアリス	33
米粒リプサリス	74	松露玉	74	ソキアリス斑入り	33
子持蓮華	107	昭和	107	蘇鉄麒麟	21
コモリー	108	ショッティー	48	ゾナタス	34
ゴルドニー	20	白雪姫	89	**タ**	
コルビィ	94	白雪ミセバヤ	31	耐寒松葉菊	106
コルメラ	60	紫麗殿	9	ダイグレモンチアーナ	26
コレクタ	35	白厚葉弁慶	8	大正麒麟	22
サ		白鳥帽子	48	タイトゴメ	103
彩雲閣	20	白鯱	69	高咲蓮華	13
逆弁慶草	105	白花万年草	104	鷹の爪	107
桜貝	39	白星	89	宝草錦	19
桜花月	79	白牡丹	14	竹島麒麟草	103
桜麒麟	83	白紫	71	田毎の月	76
笹アロエ	110	新花月	79	ダシフィルム	104
笹蟹丸	20	新玉つづり	9	立性松葉菊	80
笹百合錦	110	神童	46	狸の子	68
仙人掌菊	80	神刀	44	玉翁	81
サムライドワーフ	49	**ス**		玉蝶	13
サルオガゼモドキ	99	スーパー兜	57	玉つづり	76
猿恋葦	77	スーパースノーホワイト	33	玉蔓草	91
サルコステムモイデス	85	スタペリフォルミス	51	玉葉	42
サルメントーサ	17	ストリクタ	98	玉緑	37
三角麒麟	20	ストレプトフィラ	98	断崖の女王	89
三角鸞鳳玉	57	スパニッシュタイム	84	短毛丸	81
三時草	109	スパニッシュモス	99	単刺団扇	112
サンシモン	24	スピラリス	49	**チ**	
シ		スプリウス	109	稚児麒麟	21
ジェイド	30	スペシオーサ	21	千代田錦	33
ジェミニフローラ	55	四馬路	28	千代田の松	11
四角鸞鳳玉	57	墨烏帽子	55	**ツ**	
紫勲	40	すみれ牡丹	13	月兎耳	88
紫月	77	すみれ丸	83	爪蓮華	107
鍛弁慶	26	**セ**		ツル万年草	103
獅子王丸	73	聖王丸	70	ツル万年草変種イイジマ	103
七福神	13	青王丸	82		
七宝樹	51				

テ

帝玉	40
ディコトマ	50
ディスコイングシー	58
ディンティティ	58
デービッド	62
テクトルム	98
デザートローズ	47
鉄錫杖	51
テトラゴナ	45
テヌイフォリア	98
テネラ	63
デラゴエンシス	63
照波	109
テレサエ	69
天狗の舞	61
天使の雫	9
天章	44

ト

唐印	47
桃源郷	45
東天紅	78
ドゥラティー	94
尖り厚葉弁慶	9
刺なし鬼面角	57
ドドランターレ	15
トメントーサ	65
ドラゴンボール	50
トラフヒメアナナス	34
トリコロール	99
ドリミオプシス・マクランタス	33
トレレアセイ	9

ナ

長団扇	112

ニ

ニグラ	61
錦蝶	63
錦の司	88
錦の里	106
虹の玉	42
日輪玉	40

ヌ

ヌーダム	57
ヌビゲナ	42

ハ

パークシアナ	62
ハートカズラ	77
パープルハート	28
パープルライト	31
パールフォンニュルンベルグ	26
パイナップルコーン	21
バイネシー	25
葉団扇	53
バエチクム	65
バオバブ	90
ハオルチオイデス	65
白翁玉	82
白銀宝山	66
白蛇殿	53
白閃冠	11
白閃小町	73
白閃柱	54
白桃扇	48
白ぼう竜	54
莫邪菊	106
白寿楽	9
羽衣	55
パテンス	38
花筏	27
花うらら	12
花冠	12
花蔓草	105
花蔓草 斑入り	105
花の司	88
花吹雪	65
花ものカランコエ	79
花嵐山	106
パピラケア	53
ハムシー	88
パラドクサ	36
バリアビリス	102
ハリシー	95
春椿	62
パルメリ	109
春萌	28
パレアセア	97
万歳サボテン	55

ヒ

ビアホップ	9
ビールホップ	9
ピカンテ	52
髭赤蓮	78
翡翠殿	58
ヒスパニクム	59
ビッタータス・ノビスター	30
ビッタータス・レッドスター	30
緋花玉	69
緋牡丹	19
火祭	41
姫団扇	53
姫花月	42
姫笹	17
姫将軍	66
姫吹上	48
姫星美人	104
姫緑	59
姫ヤマカル柱	67
白檀	80
豹の子	68
豹紋	33
ピロード茜	14
ピロカルパ	78
ピングイクラ	46

フ

ファイヤーボール	31
ファガロイデス	86
ファシキュラータ	94
ファング	89
ファンファーレ	12
フィッシュボーンカクタス	54
斑入ミセバヤ	17
フーケリー	86
フェアリーキャッスル	67
フェルトブッシュ	88
フォービット	45
福娘	10
富士	17
不死鳥	26
プセウドベイレイ	97
二つ葉金棒の木	22
フックシー・グラキリス	95
フックシー・フックシー	95
ブッダテンプル	44
ブッツィ	93
仏頭	66
フミリス	32・85
ブラキカウロス	63
ブラキカウロス・セレクタ	93
ブラジリアンエーデルワイス	89
ブラジル団扇	53
ブラックベルディアナ	55
フラップジャップ	47
プラティフィラ	63
ブリオイデス	92
フリズルシズル	49
ブリトニー	25
プリドニス	12
武輪柱	72
プルイノーサ	97
ブルーバード	24
ブルーミスト	9
ブルボーサ	92

フレクスオーサ	96	松風	78	**ユ**	
ブレビフォリア	51	松の葉万年草	104	夕霧	71
ブロウメアナ	61	松の緑	65	夕映え	41
プロストラータ	50	松葉菊	80	優吹雪柱	54
プロセラ	22	幻の塔	18	雪絹	71
フロリダーナ	53	マルニエルラポストレイ	30	夢叶棒	22
フロリダザミア	53	丸葉紅司	30	**ヨ**	
プロリフェラ	14	丸葉万年草	103	養老	14
ブロンズ姫	25	万寿姫	36	**ラ**	
フンキアナ	95	万象	35	ラウイー	33
ヘ		マンテリー	37	ラブハート	48
ペアルソニー	40	**ミ**		ラメリィ	22
碧瑠璃鸞鳳玉	57	見返り美人	10	鸞鳳玉	57
ベテンコウルチアナム	60	三日月ネックレス	76	**リ**	
紅小町	73	ミセバヤ	17	リチェイ	64
紅稚児	11・59	美空鉾	29	リトルジェム	8
紅稚子	11	緑亀の卵	11	竜舌蘭	110
紅司	30	緑の鈴	76	竜陽	45
紅弁慶	79	緑の鈴 斑入り	76	竜鱗	34
紅牡丹	108	緑の太鼓	47	竜鱗コンパクトタイプ	34
ベヌスタ	36	南十字星	16	**ル**	
ベビーサンローズ	105	ミニアータ	96	ルテオローサ	59
ペヨーテ	54	明星	70	ルビーネックレス	77
ペルシダ・マルギナリス・リトルミッシー	78	ミラ	15	瑠璃兜	57
ヘルテリ	82	ミラビリス	91	瑠璃晃	50
ベルベットリーフ	88	**ム**		ルンヨニー・トップシータービー	15
ペンタカンサ	70	武蔵野	73	**レ**	
ペンテリー	85	ムスクラ	66	麗晃	106
ホ		紫大露草	28	レイポルデー	39
宝剣	112	紫御殿	28	レオポルドホルスティ	52
豊明丸	82	群鮫	62	レッドバニー	48
星の王子	16	**メ**		レフレクサム	105
星斑竜舌	106	銘月	27	レモネード	13
細長丸	71	メキシカナ	71	**ロ**	
細葉アロエ	110	メキシコ万年草	102	六条万年草	105
細槍団扇	112	女雛	13	ロゲルシー	11
ポトシナム	105	**モ**		ロファンザ錦	18
ポポキ	32	杢麒麟	90	**ワ**	
ホリダ	52	紅葉祭り	24	ワイドバンド	34
ホワイトバニーカクタス	48	百恵	47	若緑	59
ボンセレンシス	49	森の妖精	62		
ボンビシナ	11・82	モリムラ万年草	104		
マ		モリムラ万年草・オーレウス	104		
舞乙女	45	モロキエンシス	87		
マグヌシアーナ	96	**ヤ**			
マクラータ	33	ヤマカル柱	57		
マサイの矢尻	31	大和錦	12		
松笠団扇	73				
松笠サボテン	73				
松霞	70				

Chapter 6 これだけ知っておけば大丈夫！ 多肉植物を育てるための基礎講座

127

監修　飯島健太郎　Iijima Kentaro

1969年神奈川県生まれ。東京農業大学農学部卒業。同大学院修了。農学博士。桐蔭横浜大学医用工学部准教授。東京都市大学環境学部客員准教授、千葉大学大学院園芸学研究科非常勤講師。12歳のとき"緋牡丹"（p.19）に魅せられて以来、"サボテン小僧"歴三十数年。現在、人の心身への植物や緑地がもたらす健康効用について、研究に取り組んでいる。著書に『サボテンライフ』（山海堂）、『サボテン大好き―サボテン＆多肉植物』（講談社）など。

「多肉植物の名前」
400がよくわかる図鑑

監修者	飯島健太郎	企画・編集担当	河村ゆかり
編集人	細野敏彦	デザイン	日高慶太　志野原遥（monostore）
発行人	永田智之	撮　影	飯島健太郎 遠藤　昭 木谷基一
		協　力	遠藤　昭
		イラスト	シホ
		進　行	福島啓子
		校　閲	小森里美

株式会社 主婦と生活社
〒104-8357 東京都中央区京橋3-5-7
編集部　　03-3563-5455
販売部　　03-3563-5121
生産部　　03-3563-5125
http://www.shufu.co.jp/

製版所	東京カラーフォト・プロセス株式会社
印刷所	大日本印刷株式会社
製本所	株式会社若林製本工場

ISBN978-4-391-14655-4

充分に気をつけながら造本していますが、万一、落丁・乱丁そのほかの不良品の場合には、お買い上げになった書店か、本社生産部へお申し出ください。お取り替えさせていただきます。

R 本書を無断で複写複製（電子化を含む）することは、著作権法上の例外を除き、禁じられています。本書をコピーされる場合は、事前に日本複製権センター（JRRC）の許諾を受けてください。また、本書を代行業者等の第三者に依頼してスキャンやデジタル化することは、たとえ個人や家庭内の利用であっても一切認められておりません。
JRRC（http://www.jrrc.or.jp Eメール:jrrc_info@jrrc.or.jp tel:03-3401-2382）

©SHUFU-TO-SEIKATSUSHA 2015 Printed in Japan